未来领袖摇篮
系列丛书

WEILAI
LINGXIUYAOLAN

PURDUE
UNIVERSITY

卢宏学 | 编著

普渡大学
航天之母

PURDUE UNIVERSITY
Aerospace Mother

中国出版集团
现代出版社

图书在版编目(CIP)数据

航天之母：普渡大学 / 卢宏学编著. —北京：现代出版社，2013.2
（2021.8重印）

（未来领袖摇篮）

ISBN 978-7-5143-1386-4

Ⅰ.①航… Ⅱ.①卢… Ⅲ.①普渡大学—青年读物②普渡
大学—少年读物 Ⅳ.①G649.712.8-49

中国版本图书馆CIP数据核字(2013)第026832号

编　　著　卢宏学
责任编辑　刘春荣
出版发行　现代出版社
通讯地址　北京市安定门外安华里504号
邮政编码　100011
电　　话　010-64267325 64245264（传真）
网　　址　www.xdcbs.com
电子邮箱　xiandai@cnpitc.com.cn
印　　刷　北京兴星伟业印刷有限公司
开　　本　700mm×1000mm 1/16
印　　张　12
版　　次　2013年2月第1版　2021年8月第3次印刷
书　　号　ISBN 978-7-5143-1386-4
定　　价　32.00元

前 言
QIAN YAN

如今已步入不惑之年，记忆中的一些事情好多都已如烟消云散，不过有一个问题始终萦绕心头，我高中毕业的时候，家里的生活非常艰难，父母为什么还让我读完大学呢？这个问题困扰我已经20年了。终于有一天，我明白了，父母想让我换一种生活方式；他们不希望我沿着他们的生活轨迹前行！

古人说："行万里路，读万卷书。"这句话实在深刻！对现代人而言，行万里路易，读万卷书难。科技的车轮正以惊人的速度滚滚向前，终日在电脑和千奇百怪的机器前忙碌的现代人，用电线、光缆、轨道和航线把地球变成一个村落，点击鼠标，我们可以在世界的任何一个角落把自己随意粘贴。好多人已经认为读书没什么用！读书是在浪费生命。于是，面对现代文明，缺少了读大学修炼的底蕴。我们频繁遭遇对面相逢不相识的尴尬，不断地积聚那些源自心底的陌生。为此，我们渴望一种深层的理解，渴望一种心灵的历练，以让脚步和心灵能够行得更远。

大学有着上千年文化的厚厚沉积，大学有着上千年文明的跌宕起伏，大学有着上千年社会的沧桑巨变，这足以让你惊叹，让你震撼。大学给你的感觉是那样空灵，那样清新，那样恬静。追昔抚今，历史的长廊仿佛就在眼前。生命却耐不住"逝者如斯夫"的侵蚀，大学生活也是必需的人生

经历。大学的魅力，与其耳闻，不如亲见。大学生活可以弥补我们时间的缺失，增值属于我们的光阴；大学可以把智慧集腋成裘，让我们的生命成就高品质的价值。

在任何一个团体中，总有某一个人充当着核心的角色，他的言行能够被团体认可，并指引着团体的某一些决策和行动。我们可以把这种人所具备的人格魅力称为"领袖气质"。环境是一种氛围，一种智慧，一种"隐性课程"。我国古代有"孟母三迁"的故事，说明环境对人才成长的重要性。

在良好的教育环境中，人才更能轻松愉快、自由主动地去发现、思考和探索，从中获得知识经验，在情感、信念、意志、行为和价值观等方面得到潜移默化的熏陶；成长环境有助于显示今天的行动与明天的结果之间存在的永久联系。在这里，曾经出现过无数的政治、经济、军事、文化等各个行业的领军人物。他们用行动证明：最具实力、特点的学府，才能真正缔造别具一格的人才。

本丛书选了最具代表性的世界名校20所。通过对这些名校的概况、教学特点、培养的名人等的介绍，意在深度挖掘人才成功之路上不为人知的细节，同时剖析名校培养人才的根本原因所在，是一部您一定要读的人生枕边书。

尽管我们付出了诸多辛苦，然而由于时间紧迫和能力所限，书稿错讹之处在所难免。敬请各方面的专家学者和广大读者批评指正。我们不胜感激！

编者

2012年11月

目　录

开　篇　大学是未来领袖的摇篮

　　大学,是社会的良心,是天才的渊薮,是文化与思想的栖息地,也是每一个青少年成为未来领袖的摇篮。每所大学都有独特的文化和性格。一所大学能反映一个城市甚至一个国家的精神气质。大学是今天与未来的桥梁,认识一所大学,可以树立一个梦想;树立一个梦想,可以创造一个人生。

领袖是怎样炼成的 ································· （3）

大学在青少年成才中的作用 ······················ （13）

伟人的性格特点 ································· （16）

大学为伟人提供了成才的环境 ······················ （19）

第一章　认识普渡大学

　　普渡大学是位于美国中西部印第安纳州西拉法叶城的州立大学。于1869年由约翰·普渡捐资,印第安纳州划拨土地建造。普渡大学向来以理工农见长,被称为"美国航空航天之母"和"旅游界的哈佛"。

第一课　走近普渡大学 ··························· （23）

第二课　普渡大学学院概况　…………………………（26）

第三课　普渡大学的发展历程　………………………（31）

第四课　普渡大学名人榜——阿姆斯特朗　…………（34）

第二章　美丽的普渡大学

普渡大学是一所历史悠久的研究性公立大学，有政府特准的土地、海洋和空间使用权，历来以优良的教学质量和适中的收费标准闻名世界。

第一课　戴国亮:普渡大学访学记　…………………（55）

第二课　普渡大学的师资力量　………………………（61）

第三课　普渡大学特色专业　…………………………（65）

第四课　毕业于普渡大学的科技之星　………………（68）

第五课　普渡大学名人榜——孙立人　………………（76）

第三章　航天之母

在20世纪初期，普渡大学开始在学术、教学及设备三方面快速扩张，并逐渐成为全美知名的大学。普渡大学向来以工科见长，被称为"美国航空航天之母"，教师和学生中有很多人获得过诺贝尔物理学奖、化学奖和经济学奖。

第一课　美国航空航天之母　…………………………（95）

第二课　美国工科大学的翘楚　………………………（100）

第三课　留学普渡大学　………………………………（103）

第四课　普渡大学名人榜——邓稼先　………………（110）

第四章 人才辈出的普渡大学

> 普渡大学具备雄厚的工科实力,自1878年开始授予工科学位以来,普渡大学保持在授予工科本科学位人数最多的5所大学之列,而且是授予女性工科学位人数最多的大学,它也是所有美国大学中培养宇航员最多的大学。

第一课 普渡大学的英才们 ……………………………………（147）

第二课 普渡大学的国际影响 ……………………………………（155）

第三课 胡适在普渡大学的毕业演讲 …………………………（159）

第四课 普渡大学名人榜——梁思礼 …………………………（169）

后 记 ……………………………………………………………（183）

开 篇 大学是未来领袖的摇篮

大学，是社会的良心，是天才的渊薮，是文化与思想的栖息地，也是每一个青少年成为未来领袖的摇篮。每所大学都有独特的文化和性格。一所大学能反映一个城市甚至一个国家的精神气质。大学是今天与未来的桥梁，认识一所大学，可以树立一个梦想；树立一个梦想，可以创造一个人生。

领袖是怎样炼成的

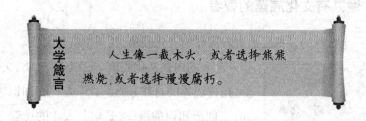

大学箴言

人生像一截木头，或者选择熊熊燃烧，或者选择慢慢腐朽。

做一个出类拔萃的领袖

要想真正成为一名出类拔萃的领袖，必须在工作、生活各个方面具备过硬的素质。从某种意义上说，领袖必须成为人民的理想楷模。这不仅是指通常所理解的"德"，而且也是指同样重要的"智"。一个真正的领袖必须拥有远大的抱负，拥有异于常人的智慧，超常的适应能力，服务大众的态度和引导舆论的能力。

一个好领袖必是一个好的聆听者，并掌握与人沟通、表情达意的技巧。他充满自信，具有很强的分析能力，亦必毅力过人，并能不断自省以求进。英国首相温斯顿·丘吉尔说过："成功不是终点，失败也并非末日。最重要的是具备勇气，一直前行。"当一个人为实现梦想苦苦追寻的时候，需要这样一种意志和品格。

坚持，是一种信念。无论在国内，还是在国外，要获得最美丽的人生，

要实现自己最大的价值,要能够对社会、对他人有所回报,就要坚持自己的目标和梦想。

坚持,是一种过程。这个世界上,天上掉馅饼的事儿几乎为零,或者没有什么事情是一蹴而就的。在梦想实现之前,需要耐得住寂寞、孤独和暂时的不成功。

坚持,是一种生活方式。学习也好,工作也好,生活也好,都需要用一种坚持的态度去完成。这种生活方式可以磨练自己的意志力。坚持住人生信念,没有什么困难是不可以克服的。

做富有文化底蕴的智者

一个优秀的领袖必然有着深厚的文化底蕴,其实也就是文气。文气是指一个人的内在文化底蕴、外在儒雅气质、文化修养、精神境界的自然显露。大学是保存知识、传播知识、创造知识的殿堂,是培养人才的摇篮,是先进文化的策源地和辐射源。大学领导者作为知识分子的领袖、楷模和标尺,如果自身没有知识、没有文化、没有学问,即没有所谓的"文气",就不会得到师生的尊重、敬仰和爱戴,就很难引领大学的发展。

> 【领袖语录】
>
> 读书时不可有己见;读书后不可无己见。

修炼文气,须多读书,成为大学者。"腹有诗书气自华"。要养成儒雅的文气,就必须博学多识,不仅学习教育学、心理学、管理学、领导学、经济学等知识,还要多读经典古文、传统诗词、名家名篇,广泛涉猎经济、政治、文化、社会等各方面,学贯中西、通晓古今,努力成为著名学者。纵观做出卓著成绩的校长,他们都是某个学科领域的专家,同时也对人文社会科学知识有深厚的积淀。如北京大学原校长蔡元培是哲学家、美学家,还通晓教育学、心理学、生理学,堪称大学问家。

修炼文气,须多思考,成为思想家。文气的养成是为了提高个人素养,促进工作实践,而思考是学习与行动的桥梁,"学而不思则罔"。思考形成思维,思维产生观念,观念形成思想,思想决定行动。因此,大学领导者必须学会思考，并多思考。要明了大学的性质，知晓大学的历史，把握大学面对的环境和拥有的资源，把文气的养成与改造思想结合起来，与指导实践结合起来，与解决实际问题结合起来。历史证明，成功的大学领导者，一般都是深邃的思考者。譬如，哈佛大学校长博克曾著《超越象牙塔》，指出现代大学不能回避为社会的进步和国家的利益服务；芝加哥大学校长赫钦斯曾著书《高深学问》，反对功利主义，倡导博雅教育；耶鲁大学校长吉亚麦提曾著《大学和公众利益》，探讨大学的性质和在社会中的作用；加州大学校长克尔曾著《大学的功用》，提出了巨型大学的概念。由于他们对大学有深入的思考，不随波逐流，从而把大学办出了特色，推上了新台阶。

修炼文气，须多谋划，成为谋略家。大学领导者是学校的规划设计者，历史上有卓越成就的大学领导者都是优秀的谋略大师。卡迪夫大学前任校长史密斯爵士曾说过，作为领导者，他必须将四分之三的时间花在思考学校方向和战略上，他认为，"校长就是要将自己的办学战略和价值理念传播出去，让学校所有员工接受，然后选择合适的人去实现这些策略。"中国的大学校长都曾经或正在谋划制定"大学发展战略规划、大学学科和师资队伍建设规划、大学校园发展规划"，引领大学的发展和振兴。事实证明，大学领导者只有经常围绕"建设一个什么样的大学，怎样建设这样的大学"的问题潜心思考，精心谋划，才能认准大学发展的根本方向，不至于随着各种思潮的冲击而左右摇摆。

> **【领袖语录】**
> 所谓年轻的心，就是总有一扇门敞开着，等待未来闯进。

浩然正气的力量

一个优秀的领袖还必须有正气。孟子曰："吾善养吾浩然之气。"文天祥说："天地有正气，杂然赋流形。下则为河岳，上则为日星。于人曰浩然，沛乎塞苍冥。"对大学领导者来说，正气就是不媚俗，能引领社会发展潮流。

修炼正气，须不媚俗。大学既要防止"滞后于社会"的弊端，但又不简单地"迎合时尚"。这就要求大学领导者的办学理念和行为方式必须因时而变，成为"对现在和未来都会产生影响的一种力量"。但这种适度而明智的变化不是无原则、无限度的，必须是"根据需求、事实和理想所做的变化"。罗伯特·M·赫钦斯在《学习社会》一书中直言不讳地追问："大学究竟是为社会服务还是批评社会？是依附于社会还是独立于社会？是一面镜子还是一座灯塔？是迎合眼前的实际需要，还是传播及光大高深文化？"这些都需要我们深思。

有几个充分表明大学校长不媚俗的例子：1986年哈佛大学校庆，当时的美国总统里根希望获得哈佛大学名誉博士的称号，但哈佛大学校长德雷克·博克予以拒绝："里根可以成为美国总统，但他难以获得哈佛的博士学位，因为这是学术称号。"人们称之为"两个President之争"。基辛格从国务卿岗位上卸任并退出政坛后，很想回到哈佛大学工作，但被哈佛大学校长婉言谢绝："基辛格是个学识渊博的人。如果论私交，我和他的关系也不坏。但我要的是教授，不是不上课的大人物。"1957年北大校长马寅初在最高国务会议上提出他的"新人口论"，受到当时权威的批判，但他说："我决不向专以力压服，不以理说服的那种批判者们投降。"尽管他被迫辞去北京大学校长职务，全国人大常委之职也被罢免，公众的心中却并未消失，马老正直的身影和铿锵之声；历史证明，马寅初不媚俗，不迷信权威，他掌握了真理。

修炼正气，须能引领。大学不应脱离社会、孤芳自赏，而应当"与社会保持接触"，并"以自己的实力和声望"对科学和重大而紧迫的社会问题、社会现象进行研究，从而对社会可能采取的行动与对策产生影响。赫钦斯说："大学是一个瞭望塔。"在改革社会中应发挥积极的作用，成为承担公共服务的必不可少的工具，应不惜一切代价加强各种创造性的活动，引领社会前进。普林斯顿大学原校长弗莱克斯纳认为：大学必须经常给予学生一些东西，这些东西并不是社会所想要的(want)，而是社会所需要的(needs)。不管社会如何变化，在任何情况下，大学都有对于知识和思想保存的责任，能不断引领社会发展，而不是一味地适应社会。因此，大学领导者应有能力通过引领大学发展来引领社会发展。

底气是做人之本

一个优秀的领袖还必须有底气。底气是做人之根本、根基、根源。底气足，才有真本钱，才有发言权，才有凝聚力和号召力。底气的表现形式就是说话的分量、

人格的魅力、个人的影响力，就是群众的归属感、信任感和敬仰感。作为大学领导者，必须要有充足的底气。有了充足的底气，才能确立威信，促进事业的兴旺发达，实现大学的价值。充足的底气需要磨练和积累，需要全身心地培育和修炼。

修炼底气，须立大志。底气源于理想和信念。理想和信念是大学领导者的基本内在修养。大学最根本的社会功能就是储存、创造和传递人类文明。大学要创造新的人类文明就要为了真理而追求真理。追求真理本身就是目的，因此，它天然地反对功利主义。大学还要负载价值，守望社会精神文明，给人类以极大关怀。因此大学领导者要树立追求真理、献身真理的大志向。要坚信我们所从事的事业是正义的事业，是伟大的事业，责任崇高而神圣，任务光荣而艰巨。

修炼底气，须善实践。能力是底气的表现。大学领导者在专业上要做专家，管理上要做行家，必须勤于实践善于实践。以华中科技大学历任领导者为例，他们都是善于实践的典范。朱九思提出"敢于竞争，善于转化"，"科研要走在教学的前面"，大力加强科学研究；杨叔子坚持"高筑墙，广积人"，大力加强师资队伍建设；周济实践"以服务求支持，以贡献求发展"，大力发展社会服务等。正是历届领导者励精图治，实践创新，硬是把一所名不见经传的大学建设成了一所国内外知名的大学。由此可见，大学领导者应该是实践者。他不一定是管理学科的专家，但深谙教育管理之道，善于行政管理，精于用人之道，具有解决和处理各类大学矛盾的能力。

他不一定是专门的政治家,但能够把握大学正确的发展方向,提出适合大学长远发展的办学思想与理念,用先进的办学指导思想推进大学的建设、改革与发展。

修炼底气,须敢成功。成功的大学,领导者会更有底气,有底气的领导者会把大学引向更加成功的境地。正是由于哈佛校长艾略特、劳威尔、柯南特、博克等人成功地将哈佛引向了成功,才使哈佛大学更有了底气;也正是哈佛大学的不断成功,才使哈佛大学的校长更有底气,从而进一步引领大学从胜利走向新的胜利。

大气是一种智慧

一个优秀的领袖还必须有大气。大气,就是大气度、大胸怀、大气魄,大爱心。大学应该有大气。江泽民同志在北大百年校庆时讲:"大学,应该是培养和造就高素质的创造性人才的摇篮,应该是认识未知世界、探求客观真理、为人类解决面临的重大课题提供科学依据的前沿,应该是知识创新、推动科学技术成果向现实生产力转化的重要力量,应该是民族优秀文化与世界先进文明成果交流借鉴的桥梁。"完成这一使命,"大学的党委书记和校长,应该成为社会主义政治家、教育家。"因此,大学领导者应该有大气。

修炼大气,须有大视野。大学之大,根本取决于它的两大直接产品:学术和学生,以及铸成这两大产品的模具:学者、学长和学风。因此大学之大,乃在于学术之大、学生之大、学者之大、学长之大、学风之大。大学领导者要有宽广的视野、开放的精神,兼容并蓄,善于从复杂的现象中看到事物运动的基本态势,抓住基本规律,从眼前的利害中超越出来,突破经验的束缚,对社会需求进行全局的、客观的把握,穿透眼前,看到长远。大学发展的历程证明,大学领导者的视野往往决定大学的发展。纽曼的传统大学观把大学看作是"一个居住僧侣的村庄",弗莱克斯纳的现代大学观把大学看作是一个城镇,而克拉克·克尔的多元化巨型大学观则把大学看作是"一座充满无穷变化的城市"。可见领导者的视野决定大学的视野。哈佛大学校长萨默斯以国际视野改革大学教育，强调哈佛新课程改革要给本科生更多的到国外学习的机会。

　　修炼大气，须有大胸怀。"一个人胸怀有多大，才能做多大的事业。"大学具有天然的包容性：首先是学科包容。大学包容了传统基础学科，还包容了跨学科、边缘学科和应用学科，甚至为那些已经乏人问津的学科以及尚未获得广泛承认的学科与知识领域留有一席之地。其次是学者包容。大学包容各种各样的学者和学生，甚至为个别行为、个性和思想方法奇特的学者创造宽松环境，使他们按自己的习惯从事活动。再次是学术包容，即包容学术上的各种不同见解。因此，大学领导者在办学理念上，要有开放意识和世界眼光，以昂扬的气势迎接各种挑战，以仁厚的情感容纳学生，以宽容的精神对待学术，以谦虚的心灵接纳新知识；要在选用人才上，有"海纳百川"的大气，以开放的胸怀招揽人才，以宽广的眼光选用人才；在具体工作上，要有团结友爱的胸怀、互以对方为重的风格，要搞五湖四海，不搞小圈子，做到坦坦荡荡、光明磊落，容人、容事、容言。如果说大楼、大师是大学的硬件，大气则是软件，软件与硬件同样重

> **【领袖语录】**
> 　　气不和时少说话，有言必失；心不顺时莫做事，做事必败。

要。在一定意义上，甚至可以说软件比硬件更重要。1953 年出生的安德鲁·怀尔斯，10 岁时对世界难题费马大定理着了迷，于是立志搞数学。他32 岁成了普林斯顿大学教授后好像突然消失了，学术会议不参加了，论文也没有，有人说他江郎才尽了，有人说应该解聘他，但普林斯顿大学校长不为所动，仍然聘他为教授，表现出了大学的大爱，终于在 9 年后的1994 年，安德鲁·怀尔斯破解了费尔马大定理，轰动世界，也使普林斯顿大学声名远扬。

　　修炼大气，须有大手笔。有了大手笔，才会有大发展。大手笔，要有大气魄，要有超越、怀疑、批判精神。要超越各种形式的禁锢和守旧观念，挑战各种历史理论和权威，深刻批判与反思，进行前提性追问、主体创造与建构。正是因为洪堡的大手笔才使柏林大学得以振兴，成为研究型大学的

楷模，从而使大学具有科学研究的职能；正是范海斯的大手笔，提出"威斯康星州的边界就是威斯康星大学的边界"，才使美国大学得以崛起，从而使社会服务成为大学的第三大职能；也正是蔡元培的大手笔改造旧北京大学，才使北京大学焕发出新的青春活力，成为真正意义上的现代大学。大学领导者要有大手笔，就要敢于有所为，有所不为，有所舍弃，敢于砍掉不适合自己学校发展的东西；有所为，有所先为，有所后为，敢于在自己的位置上创新、创造不可替代的业绩。

锐利的士气

一个优秀的领袖还必须有锐气。《淮南子·时则训》所说的"锐而不挫"，彰显的是不畏困难和挫折的精锐士气。锐气就是要有一股子劲，始终保持一种向上的进取姿态，保持高昂的工作热情和工作韧劲。锐气就是在成绩面前不忘乎所以，在困难面前不灰心丧气，不断适应新形势，研究新情况，解决新问题，做到"苟日新，又日新，日日新"。有锐气，才能有所作为，有所建树。

修炼锐气，须讲批判。大学是知识传递与生产的场所，是新思想的重要发源地。不论是知识的传递与生产，还是真理的探求，都应该建立在大学批判责任基础之上。德国社会学家海因兹·迪特里奇尖锐地指出："今天的大学是一些被阉割了的机构，大学教育脱离大多数人的生活现实，研究质量低下，教育道德沦丧。"作为大学领导者要弘扬大学的批判责任，鼓励和支持大学继续扮演那种绝对真理、社会公正和道德良心守护神的角色。

修炼锐气，须讲创新。加拿大阿尔伯塔大学校长罗德里克·德·弗雷泽认为，大学领导者的主要职责有三项：第一，吸引最好的学生到学校读书；第二，吸引最好的教职员工到学校工作；第三，为教职工、学生提供足够的资源，营造积极的氛围，使师生能够有效地学习、创造性地开展学术与科研工作,保证他们发挥最大潜力。大学要做好这些工作,没有具备创新意识和创新能力的领导者是不行的。创新是大学保持生命力的关键所在。历史证明,不满足于现状,勇于改革和创新是优秀大学领导者共同的特征之一。哈佛大学原校长劳威尔说在他任校长的24年里,有四大创新:一是设立主攻课和基础课制度,二是设立住宿学院制度,三是设立导师制度,四是设立荣誉学位制度。这些都为哈佛大学的进一步发展奠定了基础。

修炼锐气,须养个性。牛津大学原校长纽曼是一个有个性的校长。他认为:大学是传播普遍性知识的场所。知识本身即目的。教育是理智的训练。大学是为传授知识而设的,"如果大学是为了研究,我不知道大学为什么要那么多学生"。他的个性造就了牛津大学

> **【领袖语录】**
>
> 没有人可以打倒你,打倒你的只有你自己。

的辉煌。柏林大学原校长洪堡认为,大学的基本组织原则就是两条:自由和宁静,教师和学生为科学而共处,自由地进行各种学术上的探讨。他的个性使柏林大学很快崛起。威斯康星大学原校长范海斯认为,大学的基本

任务是把学生培养成有知识、能工作的公民;进行科学研究,发展创造新文化、新知识;传播知识,把知识传授给广大民众,使他们能够运用知识解决经济、生产、生活、政治等方面的问题。这种理念引领大学走出了古典大学的围墙,使大学获得了新的生命。曾经被毛泽东评价为"学界泰斗,人世楷模"的蔡元培,不仅提出了"囊括大典、网罗众家,思想自由、兼容并包"的著名办学方针,铸就了"北大精神",更重要的是,他具有"外和内介、守正不阿,勇于任事,敢于负责,宽容大度、民主平等,严于律己、廉洁奉公"的个性,改造北大,铸就了北大的辉煌。

领袖素质　　　远大的理想。纵观历史中的领袖都有远大的抱负,所谓吞吐天地之志。拥有这样的理想才能塑造其人格魅力。人们追随他,绝不仅仅因为他长得帅,而是因为他能带给人们希望,给人们一个远大而美好的憧憬。

大学在青少年成才中的作用

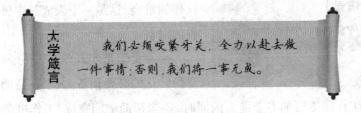

大学箴言

我们必须咬紧牙关，全力以赴去做一件事情；否则，我们将一事无成。

做一个知书达礼的人

大学可以让我们自我发展与完善，大学不仅能帮助学生"读书明理"，更能帮助学生提升修养、品质、智慧。大学教育对于年轻人形成人生观、社会价值观，对于发现和理解生命的意义和人的社会价值有极大的作用。大学是人们的精神家园。

青少年作为明日的社会精英，在大学期间除了读好本科课程外，亦应把握所有机会与同窗多交流，多沟通，以培养人际沟通技巧，学习聆听，也多表达意见。这些同侪间的互动、不断的切磋砥砺，对于培养个人自信心、提高分析和自省能力都有莫大裨益。

大学在现代已经逐渐发展成高等教育系统，由各种类型的高校组成，不同类型的高校的社会职能与社会定位、人才培养目标、对学生的要求、教育教学模式各不相同。就读不同的高校通常与不同的职业生

涯发展有着较为密切的联系。选择大学,应当是个人对大学意义与价值和自身发展设想充分认识基础上的理性判断。从一般意义上讲,今天的大学至少能为学习者提供以下服务。

——大学是探究未知世界的场所。具有好奇心的年轻人与致力于探究未知世界的教师结成共同体,大家志同道合,在满足好奇中推动人的发展和社会发展。这样的职能是其他社会机构无法替代的。

——大学是年轻人交往的地方。大学把四面八方、有着各种文化背景、生活体验与经历的学生汇集起来,让年轻人相互交往并且相互学习,为每一个学习者提供发现不同的交往伙伴的机会。这是一个人成长中极为宝贵的财富。

> **【领袖语录】**
> 　　信仰比知识更难动摇;热爱比尊重更难变易;仇恨比厌恶更加持久。

——大学是实现学生身份到工作身份转化的必要预备。大学在帮助学生形成工作所需要的专业能力的同时,还应帮助他们完成"工作准备",形成个人就业的"配置能力"(个人在就业市场上发现机会、自我判断、抓住机会实现就业的能力)。大学对学生在心理、文化、人际交往、专业等方面的训练,正是为了能有这样的"配置能力"。这是推动学生转型为"职业人"的社会化过程。

——大学帮助年轻人获得安身立命的专业能力。高等教育往往决定多数人终身的专业方向和职业领域,它帮助学生形成专业化的劳动能力,在今天这样分工高度专业化的社会,专业教育具有关键作用。

做适应社会需要的人

现代大学将越来越难以提供人们曾经期待的那种"社会地位配置"作用,而"回归"教育机构的本质。所以,大学生要认真把握大学能提供什么和自己需要什么,在大学里努力提升综合素质和专业能力,给自己的未来加注尽可能多的"能源"。

随着世界格局的变化,特别是东西方阵营的瓦解和各国发展模式的调整。原有政治主导或经济主导的状况相应改变。大学的普及成为影响青少年发展的重要因素,也引起青少年组织与社团的高度重视。大学为青少年学习提供动力的同时,为青少年组织与社团开展各种服务、活动、教育提供了机遇。

领袖素质

　　超常的适应能力。领袖的路并不一定是一帆风顺的。有前呼后拥的壮观场面,也有独自一人的低谷阶段。能够适应时局的起落变化,不被挫折打倒,不被胜利冲昏头脑是领袖的生存之道。

伟人的性格特点

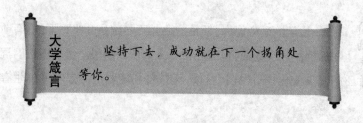

大学箴言

坚持下去，成功就在下一个拐角处等你。

非智力因素的作用

现代心理学研究表明，一个人的非智力因素(性格是其中一个重要方面)在一个人的成才中占有十分重要的作用。一个人具有优良而成熟的性格就能最大限度地发挥自己的精神力量，并能与环境中的他人建立和谐良好的关系。一个人的性格还是其自身品德、世界观的具体标志，是其精神面貌的综合反映和集中体现。

有人对享有盛誉、成就卓著的领导人的性格进行了研究，发现他们共同的性格特征是：实际、客观、求善、创新、坦诚、结交、爱生命、重荣誉、能包容、富有幽默感、悦己信人。这些性格特征是他们造福于人类的信仰的体现，对支持他们始终如一地为实现信仰而奋斗起了重大作用。

美国心理学家台尔曼对150名事业有成人士进行研究，发现性格因素与他们的成功有着密切关系。他们往往具有以下共同性格特征：第一，为取得成功的坚持力;第二,善于积累成果;第三,自信心强;第四,不自卑。考克斯对 1450 年至 1850 年 400 年间所出现的 301 位伟人进行研究,发现他们都有以下优秀性格特征:自信、坚强、进取、百折不挠等。

在社会实践中,对不同职业者还有不同的职业性格要求。例如,做医生要有严谨、认真、细心、安定的性格;做企业家要有独立、进取、坚强、开放、灵敏等性格;而作为军人就要有勇敢、坚强、果断、自制、机智等性格。不具备相应的职业性格特征的人,往往难称其职。

在日常生活和人际交往中,热情、真诚、友善的人受欢迎,生活也幸福;冷漠、虚伪、孤僻、不负责任的人受冷落,生活也多有不幸。

信念的作用

信念,是一种心理因素。信念领导力是战胜挫折、赢得机遇的前提,也是切实的方法。自信的人首先忠诚于自己的信念,这种信念融入你的言行、举止,让你的举手投足都在辅助你的语言所表达的信息,因而让人们相信你的能力和人格。作为一个领导者,信念坚定是战胜工作中的困难,力排干扰,把握时局,打开局面,果断决策和树立领导威望的一个重要的心理优势。

有了信念,才能以最佳心态开展工作、履行职责;有了信念,才能以饱满热情开创事业、完成使命。运动员在赛场比赛,要争得第一,争得一流,不可没有信念;求职者在人才市场应聘,要技压群芳,求得赏识,不可没有信念。一名领导干部,无论是作竞职演讲,还是就职表态,必须保持良好的心理素质和精神状态,以坚定的口气、热情的态度、积极的表现来赢得上级和群众的支持。

自信是一种认识和态度

自信是一种认识和态度,也通过人的风格来表现。美国形象设计大师鲍尔说:"成功男人的风格反映在外表,而优雅来自内在,它是你的自信及对自己的满意,它通过你的外表、举止、微笑展示。"自信并不一定是天生

具有的,它可以通过后天的培养而产生。如果你在生活中认真观察,你会发现这种自信是有感染力的。

　　心理学家发现,外向的性格和信念是吸引和保持朋友的重要原因。由于自信,朋友和同事愿意跟随着你,上司也会对自信的人高看一眼。因为你具有自信的气势,让别人相信你能把任何事都变成现实。然而信念却不一定需要用语言来表达,它通过你的神态、语气、姿势、仪态等等,无声无息地、由里向外地散发着魅力。

领袖素质

　　服务大众的态度。领袖并不一定要用暴力主宰一切,事实上暴力统治一般不能长久。长久的领导艺术需要懂得如何服务大众,满足大众。

大学为伟人提供了成才的环境

大学箴言

所谓人才，就是你交给他一件事情，他做成了；你再交给他一件事情，他又做成了。

环境对人的心理和行为具有普遍制约作用。系统论认为，环境是第一个在系统周围能够广泛产生作用的场所和条件。人的心理机能是对环境的长期适应的结果，人的心理和行为取决于当前的刺激、个性特征、整个环境及特征。同时，环境与人的心理和行为是相互作用的，这种关系不仅表现在人类生存的自然环境与人的心理与行为的相互作用，也表现在社会环境与人的心理和行为的相互作用，环境对人的心理、行为产生普遍的制约作用，人的心理、行为又导致环境的改变。

心理学家考夫卡在其《格式塔心理学原理》一书中提出环境分为现实的地理环境与个人意想中的行为环境，他认为行为产生于行为环境，受行为环境的调节。另一位心理学家勒温在《拓扑心理学原理》一书中提出

动力场理论,该理论中的生活空间是指人的行为,也就是人和环境的交互作用。勒温所指的环境是指心理环境,是与人的需求相结合在人脑中实际发生影响的环境,由于人的需求的作用,使生活空间产生了动力,勒温称为引力或斥力。由于生活空间具有的动力,人的行为就沿着引力的方向向心理对象移动。

大学为伟人们提供了一个"宽松"与"紧张"适度平衡的环境。大学的环境往往会创造出一种特有的氛围。耶鲁大学模仿英国牛津大学和剑桥大学的模式,从 20 世纪 30 年代开始实行的"住宿学院"制沿袭至今,每个"住宿学院"有 300 ~ 500 名本科生,男女比例对等,配有院长和学监各 1 名。12 个"住宿学院"拥有自己的餐厅、客厅、庭院、图书馆、娱乐室等。学校希冀借此使其学生所受的教育不仅仅局限于课堂知识,而且注重在起居社交时学到做人的道理,并从中获得终身的友谊。

列别捷夫曾说,"平静的湖面,炼不出精悍的水手;安逸的环境,造不出时代的伟人。"在这个高等教育良莠不齐的时代,一所真正的一流大学所能为国家和民族乃至整个社会做出的贡献是不可估量的。

领袖素质　引导舆论的能力。不得不承认,所有的领袖都要有非常好的口才。他必须时刻掌握舆论导向,让思想意识统一在自己的领导方向上。在管理学中,领袖是人际角色中的一类,有着激励和指导团队成员的责任。

第一章　认识普渡大学

普渡大学是位于美国中西部印第安纳州西拉法叶城的州立大学。于 1869 年由约翰·普渡捐资,印第安纳州划拨土地建造。普渡大学向来以理工农见长,被称为"美国航空航天之母"和"旅游界的哈佛"。

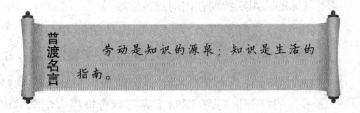

第一课　走近普渡大学

普渡名言

　　　　劳动是知识的源泉；知识是生活的指南。

　　普渡大学是一所历史悠久的研究性公立大学，有政府特批的土地、海洋和空间使用权，历来以优良的教学质量和适中的收费标准闻名世界。该校于1869年由约翰·普渡捐资、印第安纳州划拨土地建造，现有3000名教师和38310名学生。

　　2012年《美国新闻与世界报道》全美大学排行榜上，普渡大学在公立大学中名列第23位。普渡大学有"旅游界的哈佛"和"美国航空航天之母"的美誉。

　　普渡大学的校徽采用狮身鹫首图像。在欧洲中世纪图章学中，这是代表力量的神。校徽中还有三张盾牌，以前寓意科学、技术和农业，现在则代表教育、研究和服务。

　　普渡大学是位于美国中西部印第安纳州西拉法叶城的州立大学。目前工学院教师中有20位美国工程院院士、2位美国技术和创新奖得主、66位美国科学基金NSF得主，其中电子及计算机工程系有4位美国工程院院士、2位美国工程院Gordon Prize得主，1位美国技术奖得主，1位IEEE主席，23位IEEE院士。

中国人对普渡大学并不陌生，它是中国"两弹元勋"邓稼先的美国母校，抗日名将孙立人也曾在普渡大学求学并获得学士学位。

2001年10月，清华大学以年薪10万美元聘请美国工程院院士、普渡大学工业工程系塞尔文迪教授担任清华工业工程系第一任系主任，开外国一流学者任清华系主任的先河。

普渡大学培养了美国大学中人数最多的宇航员，包括第一位登上月球的阿姆斯特朗在内的22位宇航员。

2009年1月将美联航受损飞机成功迫降在纽约附近冰河上，并挽救了155人生命的英雄飞行员杰斯科（Chesley B. Sullenberger）就是普渡大学产业心理学的硕士毕业生。普渡大学在学术界的声誉很高，在泰晤士高等教育世界大学学术声誉排名中位列世界第47。

普渡大学占地113672亩，现有教员3,000人，在校学生38,310人，其中本科30,147人，研究生8,163人。普渡大学所在的西拉法

叶横跨沃巴什河,是个纯朴安静的大学城。

该市交通便利,距该州首府印第安纳波利斯约65英里,距芝加哥约100英里,美国铁路每天都有列车经过此地前往芝加哥或是印第安纳波利斯。普渡大学学生活动极为活跃,共有45个兄弟会和25个姊妹会总共约5000个学生参与,被列为全美第三大。

普渡大学有15座分散各地的大学生及研究生宿舍区,并有15座分散各地的大学生及研究生宿舍区,其中国际学生约有来自世界133个国家的4974人,每年4月第一个星期,普渡大学国际学者学生办公室均会定期举办世界周,促进国际学生与当地社区的关系。

普渡大学的6个校区包括位于美国中西部印第安纳州的西拉斐特主校(West Lafayette)、盖莱默分校(Calumet)、韦恩堡分校(Fort Wayne)、印第安纳波利斯分校(Indianapolis)、中北分校(North Central)和位于德国汉诺威的德国国际行政管理研究生院。

第二课　普渡大学学院概况

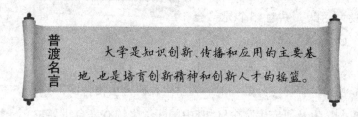

普渡大学所在的西拉法叶横跨沃巴什河，是个纯朴安静的大学城。该市交通便利，距该州首府印第安纳波利斯约65英里，距芝加哥约100英里，美国铁路每天都有列车经过此地前往芝加哥或是印第安纳波利斯。普渡大学学生活动极为活跃，共有45个兄弟会和25个姊妹会总共约5000名学生参与，被列为全美第三大。

而且普渡大学还有15座分散各地的大学生及研究生宿舍区；其中国际学生约有来自世界133个国家的3000人，每年4月第一个星期，普渡大学国际学者学生办公室均会定期举办世界周，促进国际学生与当地社区的关系。

普渡大学的6个校区包括位于美国中西部印第安纳州的西拉斐特主校、盖莱默分校、韦恩堡分校、印第安纳波利斯分校、中北分校和位于德国汉诺威的德国国际行政管理研究生院。

普渡拥有全美国大学最快的超级计算机。Carter西拉斐特主校位于芝加哥东南部，以工科和农学见长，现有12个学院和400多个实验室，其中工学院和文学院规模最大，共开设200多种授予学位的专业、近6100种课程。

在校学生38310名,来自美国50个州和全世界129个国家,其中研究生有8163名,研究生课程和科研都归研究生院负责。美国北方学院中心协会授权该校颁发博士学位。

西拉斐特主校位于芝加哥西南部,以工科和农学见长,现有12个学院和400多个实验室,其中工学院和文学院规模最大,共开设200多种授予学位的专业、近6100种课程。在校学生38208名,来自美国50个州和全世界129个国家,其中研究生有1622名,研究生课程和科研都归研究生院负责。

美国北方学院中心协会授权该校颁发博士学位。普渡大学的其余5个分校区在管理和学位授予上均有所不同。其中韦恩堡分校和印第安纳波利斯分校为印第安纳大学与普渡大学合办。韦恩堡分校由普渡大学管理,颁发印第安纳大学或普渡大学的证书。

印第安纳波利斯分校由印第安纳大学管理,颁发普渡工程技术学院、理学院、旅游、会议和事件管理系的学位。盖莱默分校有4个学院,在校学

生9103名。普渡大学中北分校有11个学院，3493名在校生。

位于德国汉诺威的德国国际行政管理研究生院是普渡大学在美国境外开设的，可授予该校克兰纳特管理学院的MBA学位。该校的目标是为职业经理人提供决策技巧，覆盖信息技术、金融、会计、市场营销、战略管理、制造、定量方法、经济分析和组织行为等方面。

普渡大学初期以优良工学院及农学院闻名全美，但近年来也在其他领域积极发展，目前普渡大学共有10个学院及14个学校。

工学院包括下列9个学校：航天工程、生医工程、化学工程、土木工程、电机及计算机工程、工业工程、材料工程、机械工程及核子工程。包括下列几个系：农业及生物工程系、工程教育系及工程专业教育系。包括两个学门：建筑工程与管理、环境与生态工程。

理学院包括下列7个系：生物科学、化学、计算机科学、地球与大气科学、数学、物理及统计。它是1962年成立美国第一个计算机科学的学术单位。其数学系包括纯数学、应用数学、商务数学等7个专业。其化学系的根岸英一教授获得2010年诺贝尔化学奖。

农业学院包括下列11个系：农业及生物工程、农业经济、农艺、动物学、生化学、植物及植物病理、昆虫学、食品科学、森林与自然资源、园艺与地表景观以及农业初等教育。农业及生物工程连续3年在美国大学排行榜名列榜首。

管理学院:《美国新闻与世界报导》评鉴为全美商学院排名第十二。《商业周刊》评鉴为全美公立大学排名第八。包括金融系、会计系、经济系、管理系、工业管理系。

健康与人类科学学院:餐饮旅游管理学校由全美排名第一。MBA学程曾被《华尔街日报》评为地区企业征才第一。此外普渡酒店管理学校与万豪集团和香格里拉集团在全世界均有合作。普渡大学与香格里拉集团在中国青岛设有实习项目。

健康与人类科学学院包括下列9个系:儿童发展及家庭科学、消费者科学、食物与营养、餐饮旅游管理、护士、叙述语言及听力学等等。

文理学院包括下列3个学校:传媒学校、语言与文化学校、视觉及表演艺术学校。传媒学校共有4人专业,分别是传媒、大众传播(又分有职业新闻写作、媒体制作等子类)、企业交流、公共关系(又分有广告、竞选等子类)。普渡大学传媒学校排名美国第二,仅次于得克萨斯大学奥斯汀分校以及6个系(department):人类学、英语、历史、哲学、政治、社会学。

教育学院包括下列两个系：课程与教学系及教育研究系。教育学院被《美国新闻与世界报导》评鉴为全美大学部排名第三十四。

制药学院：药学博士班学程由《美国新闻与世界报导》评鉴为全美大学部排名第四。

科技学院包括下列8个系：航空航天技术、航空管理、建筑及建筑管理、计算机绘图技术、计算机信息技术、电机及计算机工程技术、工业技术、机械工程技术、组织领导及监督。

兽医学院包括下列3个系：兽医病理、兽医临床、及基础医学。兽医学院被《美国新闻与世界报导》评鉴为全美大学部排名第六。

普渡大学小百科

中国人对普渡大学并不陌生，它是中国"两弹元勋"邓稼先的美国母校，抗日名将孙立人也曾在普渡大学求学并获得学士学位。2001年10月，清华大学以年薪10万美元聘请美国工程院院士、普渡大学工业工程系塞尔文迪教授担任清华工业工程系第一任系主任，开外国一流学者任清华系主任的先河。普渡大学培养了美国大学中人数最多的宇航员，包括第一位登上月球的阿姆斯特朗和最后一位离开月亮在内的22位宇航员。2009年1月将美联航受损飞机成功迫降在纽约附近冰河上，并挽救了155人生命的英雄飞行员苏伦伯格就是普渡大学产业心理学的硕士研究生。

第三课　普渡大学的发展历程

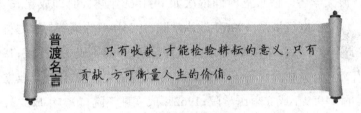

只有收获,才能检验耕耘的意义;只有贡献,方可衡量人生的价值。

1862年时,美国总统林肯签署了由佛蒙特州参议员贾斯汀·摩利尔所提出的土地拨赠普渡大学法案,联邦政府按照众议员的数目给各州拨地,而这些土地出售后的资金,用来建设以传授农业和机械知识为主的大学。

1865年,印第安那州政府收到拉法叶地区的商业领袖和慈善家约翰·普渡所捐赠的15万美元,包括Tippecanoe郡既有的5万美元经费及由拉法叶居民提供的150亩土地,在1869年时在拉法叶市郊的这片土地上正式设立普渡大学。

普渡大学在1874年9月16日正式开始授课,初期的普渡大学只有3栋建筑物、6位教师及39个学生,并在1875年正式颁发第一个学位。同年,普渡大学招收第一批女性学生。

1883年时,普渡大学学生人数增加至350人。在20世纪初期,普渡大学开始在学术、教学及设备三方面快速扩张,并逐渐成为全世界知名的理工科大学。

普渡大学是美国大湖地区的7大著名高校之一。普渡大学是因建校时巨商约翰·普渡捐巨款而以他的名字命名的。普渡大学有三大校区,2001

年秋有学生67548人。

2003年在普渡大学学生中本州人占69.2%,外州人占22.9%,来自美国海外领地的占1.4%,留学生占6.5%,后者来自全球134个国家和地区。

2011年普渡大学有教师1694人,其中正教授824人,副教授516人,助理教授349人,讲师5人。教职工总人数达13411人。

普渡大学有图书220多万册,缩微影卷220万卷,20000多种期刊。除主图书馆外,院和系级图书馆还有14个。

普渡大学各学院成立时间依次如下:1869年建校时即成立农学院;1905年成立家庭经济系,1926年改为学院,1976年改为消费与家庭科学学院;1908年成立教育系,1989年改为教育学院;1878年成立工学院;1963年成立人文、社会和教育科学学院,1989年改为文理学院;1958年成立工商管理学院;1959年成立兽医学院;1962年成立理学院;1964年成立科技学院;1979年成立药剂学院,护理学院和卫生学院。

2003年在全美各单项评比中,普渡大学的研究生院居第9位,工学院居第12~13位,公立大学居第20位,商学院居第23位~28位,教育学院居第47位。普渡大学无医学院和法学院。所以可以说,它建立的主要学院都在全美前50名之内。

2003年在普渡大学,非本州生所交的费用比本州生要多9708美元,其中最大的差别是本州生曾经不用交学费,而非本州生要交9708美元的学费(2001—2002学年)。

而对其他州的公立大学来说,一般情况是本州生比非本州生可以少交学费,而不是完全不交学费。本州生完全不交学费(不包括其他费用)在美国的公立大学生中是罕见的。

在普渡大学非本州生除了要交9708美元学费外,还要交大学费(University fees)4164美元,书籍资料费830美元,膳宿费6120美元,杂支和旅行费1310美元,共22132美元。2011年的交费情况已于前述。

中国原子弹、氢弹研制工作的卓越领导人邓稼先博士(1924—1986)就毕业于此,他是杨振宁的同学和挚友。最早到普渡大学留学的中国人是薛福均(1886—1955),他在清朝末年入学,1911年得学士学位。

交通大学的著名教授程孝刚(1892—1977),于1913—1930年在普渡大学学习和工作,他得硕士学位。在普渡大学留学的其他知名人士有何瑶、陈学俊、茅以新和梁思礼等。

中国至今有的9位"两弹一星"元勋中有2位是普渡大学培养出来的,他们是邓稼先和梁思礼。著名物理学家张文裕曾在此做过长期研究工作,1956年由此回国。

普渡大学小百科

普渡大学对读本科的国际学生不提供资助,但是对读研究生的国际学生却较其他大学更为慷慨。这就不难解释为什么普渡大学是美国国际学生最多的大学之一。2000年,普渡大学国际学生有2892名,占在校学生的8.2%。国际教育研究院把普渡大学列为国际学生最多的公立大学,这在全美大学中排第4位。据统计,2000—2001学年在普渡大学学习学费、生活费,美国学生约需1.2万美元,国际学生约需2.2万美元。普渡大学的学生住宿条件也较理想,35%的单身学生和85%的大一学生可住在校内。

第四课　普渡大学名人榜——阿姆斯特朗

普渡名言

　　我们发现了学生有创造力,认识了学生有创造力,就须进一步把学生的创造力解放出来。

　　尼尔·奥尔登·阿姆斯特朗,1930年8月5日生于俄亥俄州瓦帕科内塔。1955年获普渡大学航空工程专业理学硕士学位。

　　1949—1952年在美国海军服役。阿姆斯特朗是第一个登上月球的宇航员。2012年8月25日,阿姆斯特朗因心脏搭桥手术后的并发症逝世,享年82岁。

　　1955年进入国家航空技术顾问委员会,刘易斯飞行推进实验室工作,后在委员会设在加利福尼亚的爱德华兹高速飞行站任试飞员。

　　1962—1970年在休斯敦国家航空和航天局载人宇宙飞船中心任宇航员。1966年3月为"双子星座—8"号宇宙飞船特级驾驶员。

　　1969年7月20日,美国宇航员尼尔·阿姆斯特朗和巴兹·奥尔德林乘"阿波罗"11号飞船首次登月。

1969年7月16日，同奥尔德林和柯林斯（由他担任指令长）乘"阿波罗—11"号宇宙飞船，飞向月球。7月20日，由阿姆斯特朗操纵"鹰"号登月舱在月球表面着陆，当天下午10时左右他和奥尔德林跨出登月舱，踏上月面。

阿姆斯特朗率先踏上月球那荒凉而沉寂的土地，成为第一个登上月球并在月球上行走的人。当时他说出了此后在无数场合常被引用的名言："这是个人迈出的一小步，却是人类迈出的一大步。"他们在月球上度过21个小时，21日从月球起飞，24日返回地球。同年获总统颁发的总统自由勋章。

1970—1971年在华盛顿的国家航空航天局总部任高级研究和技术办公室副主任。1971年从宇航局退职后，任辛辛那提大学航空工程学教授至1979年。1985年3月任太空问题全国委员会成员。1986年2月任调查航天飞机事故的总统委员会副主席。80年代起，他还曾担任多所公司的董事或董事长。

1999年7月20日，美国在华盛顿航空航天博物馆举行仪式，纪念人类首次登月30周年。戈尔副总统在仪式上将"兰利金质奖章"授予首次登上月球的美国宇航员尼尔·阿姆斯特朗和他的同伴巴兹·奥尔德林以及驾驶指令舱的迈克尔·柯林斯。

2012年8月25日，他因心脏搭桥手术后的并发症逝世，享年82岁。其家人在一份声明中称，阿姆斯特朗死于本月初心脏搭桥手术后的并发症。美国总统奥巴马27日下令，全国将在首位成功登月的宇航员阿姆斯特朗葬礼举行之日全天降半旗，向这位传奇人物致敬、寄托哀思。

阿姆斯特朗逝世消息公布之后，美国及世界各地民众也通过各种方

式缅怀这位登月先驱。美国国家航空航天局月球科学研究所则通过网络呼吁大众"对月亮眨眨眼睛向他致敬"。

2012年9月14日电美国国家航空航天局14日宣布,美国海军当天为上月逝世的登月第一人阿姆斯特朗举行海葬,其骨灰被撒入大西洋。海葬仪式在美国海军"菲律宾海"号导弹巡洋舰上举行,出席者包括阿姆斯特朗的遗孀卡萝尔·阿姆斯特朗、其子女以及其他亲属、密友。

"菲律宾海"号当天降半旗驶出母港佛罗里达州梅波特后,卡萝尔向舰长史蒂夫·史内格移交了阿姆斯特朗的骨灰。在牧师祈祷后,伴着3声礼炮,阿姆斯特朗的骨灰被撒入大西洋海域。此前一天,美国国家大教堂已举行仪式,悼念阿姆斯特朗。

大学

1947年,阿姆斯特朗进入普渡大学,两年后在海军服役了3年,再继续学习并于1955年毕业,后来在南加州大学获得了航空工程学硕士学位,他是家里的第二个大学生。

阿姆斯特朗虽然被麻省理工学院录取,但他认识的唯一一个工程师(麻省理工学院毕业生)建议他不要去,认为最好不要离家太远。

阿姆斯特朗读大学时认识了家政学学生珍妮特·伊丽莎白·希伦

(Janet Elizabeth Shearon),阿姆斯特朗担任试飞员时与她订婚。

1956年1月28日,两人在伊利诺伊州的威尔米特会众教堂结婚。被分配到爱德华兹空军基地后,阿姆斯特朗住在基地的单身宿舍里,珍妮特住在洛杉矶附近的西木区。一个学期后,他们搬到了羚羊谷(Antelope Valley)。珍妮特一直没能完成学位,对此她一直很遗憾。

阿姆斯特朗和珍妮特育有三个孩子:埃里克(Eric)、凯伦(Karen)和马克(Mark)。

1961年6月，唯一的女儿凯伦的脑干中发现恶性肿瘤,X光治疗对肿瘤起到了抑制作用,但她的语言能力和行走能力则完全丧失。1962年1月28日,阿姆斯特朗的结婚纪念日当天,凯伦因肺炎去世。

朝鲜战争

1949年1月26日,阿姆斯特朗被征召入伍,在彭萨科拉海军飞行基地(Naval Air Station Pensacola)进行了一年半的训练, 于1950年8月12日结业。阿姆斯特朗最初被派到圣达戈湾的飞行基地,两个月后被分配到VF-51"猎鹰"中队。

1951年1月5日,阿姆斯特朗在他的首次飞行任务中飞F9F"豹"式喷气机。6月7日,阿姆斯特朗在"埃塞克斯"号航空母舰(CV-9)上进行了第一次航母降落。同一个星期内,他被晋升为少尉。月末,"埃塞克斯"号经过检修后可以起降VF-51中队的战斗机,被派到朝鲜进行对地攻击任务。

1951年8月29日,阿姆斯特朗被派到金策进行侦察任务。5天后他的飞机被击中, 但他最终还是飞回了本方区域。由于飞机机翼损伤过重,阿姆斯特朗不得不弹射逃生,落在浦项后被战友带回基地。

他的飞机125122号F9F-2下落不明。阿姆斯特朗在朝鲜一共执行了78次任务,飞行时间达到121小时, 其中超过1/3是在1952年1月。因为他在朝鲜的表现,他获得了飞行奖章、金星奖章以及朝鲜服役奖章。阿姆斯特朗

1952年8月23日离开了海军,在海军预备队担任上尉,在1960年10月20日离开了预备队。

试飞员

从普渡大学毕业后,阿姆斯特朗决定当一名试飞员。他向爱德华空军基地的德莱顿飞行研究中心递交了申请,但当时没有名额,他被安排到了克里夫兰的格伦研究中心,1955年2月正式开始试飞的工作。

5个月后,阿姆斯特朗去了爱德华空军基地,在爱德华空军基地的第一天,阿姆斯特朗就被安排了飞行任务。他的前几次任务是驾驶改装的轰炸机投放跟踪机。

1957年8月15日,阿姆斯特朗首次驾驶超音速飞机:X-1B型,飞行高度为18300米。降落时起落架损坏,由于设计问题,之前类似损坏已发生多次。

1960年12月30日,阿姆斯特朗首次飞X-5,之后又飞了6次。第一次飞行中他达到了14900米的高度,1.75马赫。1960年11月,他被选入X-20"动力倍增器"飞机的飞行员顾问小组,X-20的设计思路是要成为一种能在太空中使用的战斗机。1962年3月15日他被选为这个计划的6名飞行工程师之一。

> **【家庭情况】**
>
> 尼尔·阿姆斯特朗是斯蒂芬·科尼·阿姆斯特朗和薇奥拉·路易斯·恩格尔的长子,1930年8月5日凌晨12点31分39秒出生于俄亥俄州的沃帕科内塔。斯蒂芬·阿姆斯特朗是俄亥俄州政府的公务员,一家人在14年里多次搬迁,曾在16个城市安家。阿姆斯特朗一家最终回到了沃帕科内塔,此时尼尔·阿姆斯特朗已经加入了鹰级童子军,后来就读于布鲁梅高中。

阿姆斯特朗前后飞7次X-15,驾驶X-15-3达到了约63000米的高度,驾驶X-15-1达到了5.74马赫的速度。离开飞行研究中心时,他已飞过超过200个机型,飞行时间达到了2450小时。

入选经历

阿姆斯特朗成为一名宇航员并不是因为某一个决定性的瞬间。国家

航空航天局开始选择第二批宇航员4—5个月后，他对阿波罗计划的前景越来越感到兴奋，希望能有新的挑战。

事后很多年才被发现的是，阿姆斯特朗的申请表比1962年6月1日的截止日期晚了一个星期才到。阿姆斯特朗在爱德华基地的同事迪克·戴（Dick Day）当时已经在载人航空中心工作，发现了一份迟到的申请，趁没人注意把它悄悄塞进了其他申请表中。

6月，阿姆斯特朗在布鲁克斯空军基地（Brooks Air Force Base）接受了一次健康检查，很多宇航员都认为这个测试较为痛苦并且没什么大用。

1962年9月13日，飞行任务成员办公室主任迪克·斯雷顿给阿姆斯特朗打了电话，询问他是否有兴趣成为新的9名宇航员之一。阿姆斯特朗毫不犹豫地同意了。宇航员的人选3天后才公布，虽然报纸中几个月前就已经报道他会被选为"第一名平民宇航员"。

阿姆斯特朗的航天生涯

阿姆斯特朗的第一次任务是担任双子星5号的候补指令飞行员，与埃里奥特·希搭档。这次任务长达8天，创造了当时的纪录，任务的主力宇航员是戈尔登·库勃和皮特·康拉德。在卡纳维拉尔角观看发射后，阿姆斯特朗和希驾驶T-38"禽爪"型飞机回到休斯敦，甚至还和在地球轨道中的库勃和康拉德通了话。

1965年9月20日，双子星8号的宇航员名单公布：阿姆斯特朗担任指令飞行员，与大卫·斯科特搭档。斯科特在同一批宇航员中第一个获得任务。

双子星8号于1966年3月16日发射，计划中要与阿金纳对接舱完成轨道集合并对接以及美国航天史上第二次舱外活动（阿姆斯特朗本人不喜

欢"太空行走"这个叫法）。

计划中，整个任务将持续75小时，阿姆斯特朗和斯科特会环绕地球55周。当地时间上午10点阿金纳对接舱发射后，上午11点41分02秒，巨人2号（Titan II）火箭发射，将两位宇航员送入太空。

进入轨道后6个半小时后，阿姆斯特朗和斯科特完成了历史上第一次轨道对接。由于地面上的许多地方缺乏通信站，与宇航员的通讯一度中断。

此时已对接的航天器突然开始旋转，阿姆斯特朗尝试了轨道高度与机动系统（Orbital Attitude and Maneuvering System，OAMS），但没能停止旋转。

他们接受了指令中心的建议，与阿金纳分离，但旋转突然加快，达到了每秒一周。阿姆斯特朗决定使用返回控制系统（Reentry Control System，RCS）并关闭轨道高度与机动系统。任务规则中明确规定返回控制系统一旦开启，航天器就必须尽快返回大气层。

宇航员办公室中的一些人认为阿姆斯特朗犯了大错，甚至还提到他不是军人这一细节。宇航员瓦尔特·康尼翰在他的自传《全美国男孩》（The All-American Boys）中提到阿姆斯特朗和斯科特完全忽视了这种情况下的应对方案。

这其实是不真实的；没有这方面的规则。康尼翰还错误地认为当时阿姆斯特朗可以只打开返回控制系统中的一部分；其实他当时没有选择，只能全部打开。康尼翰是当时不多的严肃批评阿姆斯特朗和斯科特的行为的人之一。

指挥中心负责人金·克兰兹（Gene Kranz）在他的自传《永不言败》（Failure Is Not An Option）中说道："两位宇航员是按照训练步骤做的。我们的训练有误，使得他们出错。"任务决策人没意识到两个航天器对接后必须作为一个整体来对待。

阿姆斯特朗本人对这次任务觉得很难过，斯科特不得不放弃他的舱外活动，其他一些任务计划也没能完成。他没有听到别人的评论，但猜测如果当时再冷静一些，也许就不用开启返回控制系统，或者使用阿金纳对接舱的高度控制系统就可以停止旋转而不必与其分离。

双子星8号返回后两天，阿姆斯特朗接到了他在双子星计划中的最后一次任务：双子星11号的替补指令飞行员。已经为两次任务接受训练后，他对航天器的各个系统已经相当熟悉，任务过程中更多的是在帮助新人威廉·安德斯熟悉航天器操作。

双子星11号于1966年9月12日发射，皮特·康拉德和理查德·戈尔登执行了这次任务。任务很成功，阿姆斯特朗担任了指令舱宇航通讯员（CapCom）。

双子星11号后，美国总统林登·约翰逊安排阿姆斯特朗、戈尔登、阿波罗航天器办公室主任乔治·洛（George Low），各自的妻子以及其他一些政府官员到南美进行了一次慈善访问。

他们去了11个国家的14个城市。阿姆斯特朗在与当地名人见面时使用对方语言问好。在巴西，阿姆斯特朗谈到了巴西著名飞行员阿尔贝托·桑托斯·杜蒙特（Alberto Santos-Dumont），认为他发明的飞行器超过了莱特兄弟的第一架飞机。

耗时11年，投资233亿美元，6次把宇航员送上太空，7次发射飞行器。1967年1月27日，阿姆斯特朗与戈尔登·库勃、理查德·戈尔登、吉姆·洛威尔和斯科特·卡彭特一道在华盛顿参加了《外空条约》的签署仪式。晚上6点45分，卡彭特去了机场，其他4人返回了

酒店。

在酒店的电话留言里他们得知了阿波罗1号的大火以及维吉尔·格里森、爱德华·怀特和罗杰·查菲牺牲的消息。4人留在了酒店内,一晚上都在谈论这次事故,借酒浇愁。

1967年4月5日,阿波罗1号调查报告被公布的当天,阿姆斯特朗和其他17名宇航员与迪克·斯雷顿开会。斯雷顿首先宣布:"首次登月的宇航员人选将从这间屋子里产生。"尤金·塞尔南后来回忆,阿姆斯特朗对这句话没有什么反应。

对于阿姆斯特朗,这句话并不意外——当时在场的宇航员都参加了双子星计划,首次登月的人选只能从他们之中产生。斯雷顿谈到了计划中的任务,并将阿姆斯特朗安排到了阿波罗9号的替补团队。

阿波罗9号当时是一次在远地轨道中测试登月舱的任务。由于登月舱的制造进度远远晚于预期,阿波罗8号和9号的人选被互换。按照宇航员的轮换制度,阿姆斯特朗将担任阿波罗11号的指令长。

为了使宇航员们熟悉登月舱的操作,贝尔飞行系统公司生产了两部登月试验机,日后被改装成了登月训练机。

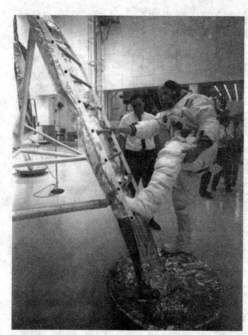

这两台机器能够模拟月球表面相当于地球1/6的重力,使宇航员们能够提前适应登月舱的操作。1968年5月6日,阿姆斯特朗在训练时,登月训练机在约30米高度突然失灵,他发现训练机即将坠毁后使用弹射座椅跳伞逃生。

事后研究显示,阿姆斯特朗如果晚0.5秒逃生,他的降落伞就没有足够时间完全打开。阿姆斯特朗并没有受重伤,只是咬到了自己的舌头。虽然几乎丧命,但阿姆斯特朗依然认为登月训练机对于模拟登月起到了一定的作用。

阿波罗8号环绕月球后，1968年12月23日，迪克·斯雷顿安排阿姆斯特朗（阿波罗8号的替补指令长）担任阿波罗11号的指令长，登月舱驾驶员是巴兹·奥尔德林，指令舱驾驶员是迈克尔·柯林斯。

在一次直到2005年阿姆斯特朗的传记中才公开的会议中，斯雷顿询问阿姆斯特朗是否需要将奥尔德林换成经验更加丰富的吉姆·洛威尔。考虑了整整一天后，阿姆斯特朗觉得保留原来的安排，不仅因为奥尔德林完全可以胜任，洛威尔也配得上他自己的一次任务。

在登月的3名宇航员中，登月舱驾驶员被非正式地排在第三位，阿姆斯特朗觉得让双子星12号指令飞行员洛威尔在自己的团队里排第三实在是无法解释。

围绕着阿波罗11号的一个小争议就是登月后谁第一个迈出登月舱，踏上月球。起初，奥尔德林认为他应该在先；双子星计划中的太空行走都是由飞行员执行，指令飞行员留在航天器内。

指令飞行员在航天器中有许多责任，再增加舱外活动的训练会影响其他工作。

《阿波罗——月球远征》一书中，作者罗伯特·谢罗德（Robert Sherrod）写了"登月的人"一章，介绍了奥尔德林的顾虑，还提到在模拟训练时，奥尔德林模拟率先离开登月舱必须爬过阿姆斯特朗才能到达舱门（登月舱舱门向内侧右边开，位于右边的登月舱驾驶员先出去非常困难），登月舱模型也因此被损坏。

书中还提到斯雷顿曾说过："第二，哪怕只是在方案层面，我也觉得应该是指令长先出去，我发现他们原来的安排之后立刻就改过来了。鲍勃·

吉尔鲁斯也同意。"

　　很可能是1969年3月，斯雷顿、吉尔鲁斯·洛和飞行任务中心主任克里斯·克拉夫特在一次会议中决定阿姆斯特朗将第一个离开登月舱并踏上月球。1969年4月14日的一次新闻发布会中，阿姆斯特朗第一个登月的原因是登月舱的设计。这4名决策人最初并不知道舱门设计的问题，这次会议直到2001年克拉夫特自传的发表才为人所知。

　　1969年7月16日，阿波罗11号即将发射时，阿姆斯特朗收到了一份来自发射台负责人冈特·文特的礼物——一个聚苯乙烯做的月牙。文特说这是月球的钥匙。作为回赠，阿姆斯特朗给了文特一张"两个行星之间有效"的"太空出租车"票。

　　阿波罗11号发射时，阿姆斯特朗的心率达到每分钟109下，对他来说发射的第一阶段尤其吵——比双子星8号的发射要吵得多。相对于双子星航天器，阿波罗太空舱要略大一些；但很幸运，三人都没有患其他宇航员曾遇到过的太空适应综合征。阿姆斯特朗特别高兴，他小时候曾晕车，大量的翻转动作后可能会出现晕眩。

　　阿姆斯特朗的目的仅仅是安全地降落，而没有一个特别的降落点。由于相对宽松的降落要求，阿姆斯特朗对登月的具体地点也不是特别在意。降落点火3分钟后，他发现登月舱提前两秒飞越了指定的环形山，

意味着登月点将偏离计划中的位置好几英里。

　　登月舱"鹰号"的降落雷达找到目标后，出现了几次错误。第一次是1202号错误；虽然任务前进行了大量的训练，阿姆斯特朗和奥尔德林仍不记得代码代表的错误。

　　对于阿姆斯特朗警报声大作更多的是一种干扰而并不使他特别担心；之前的试飞员生涯使他明白只要

仪器还在正常工作,探测器还在获得数据,就没有必要放弃任务。1202号警报(以及后来的1201号警报)是由登月舱电脑的演算溢位。

阿波罗11号登月的一个插曲就是降落时只剩几秒钟的燃料了。其实,阿姆斯特朗对燃料并不是特别担心;他在训练时多次使用登月训练机在只剩不到15秒的燃料时安全降落。

他相信哪怕登月舱在离地15米时燃料用尽都没有问题。任务后的研究显示登月舱当时还剩下约50秒的燃料。

1969年7月20日20点17分39秒(UTC)成功降落后,阿姆斯特朗对指挥中心和整个世界说的第一句话是"休斯敦,这里是静海基地。'鹰'着陆成功。"作为庆祝,奥尔德林和阿姆斯特朗只是握了一下手,拍了拍对方的肩膀就迅速开始登月后的任务步骤。

由于对降落后可能的突发事件不确定,任务计划中两位宇航员需要在着陆后立刻做好紧急情况下迅速起飞的准备。

航空航天局的正式任务计划安排两位宇航员在走出登月舱前先休息一会儿。两人都不是很累,于是阿姆斯特朗询问是否可以将月表行走提前到(休斯敦时间的)傍晚。准备停当,登月舱被减压,舱门打开,阿姆斯特朗缓慢地扶着梯子走下了登月舱。

1969年7月21日凌晨2点56分(UTC),阿姆斯特朗的左脚踏上了月球,并说:这是一个人的一小步,却是人类的一大步。

阿姆斯特朗在这句话中漏掉了一个字母"a",使句子不通:单独的"man"往往指的是"人类"而不是"个人"。

阿姆斯特朗事后承认他有时会漏掉个别的音节,但他也"希望历史允许我犯下这个小错并意识到我当时不是故意漏掉的——虽然我也可能只是发音很轻。"

有证据显示阿姆斯特朗的确说了这个"a"。澳大利亚程序员皮特·山恩·福特通过数字分析后发现，当时阿姆斯特朗确实说的是"a man"，但当时通讯设备的限制使这个"a"没被听到。福特没有把这个发现刊登在严肃的科学期刊上，而是放在了他的个人网站中。

不过，身为奥本大学(Auburn University)教授的福特和阿姆斯特朗的授权传记作者詹姆斯·汉森(James R. Hansen)把这一发现报告给了对这一问题也作过研究的美国国家航空航天局。

关于是否有"a"的争论被语言学家大卫·毕佛和马克·利伯曼发表在《语言日志》博客上。阿姆斯特朗本人希望在句子中包括"a"，但用括号。

"一大步"这句简单而又隽永的话只是着陆之后阿姆斯特朗大量思绪

中的一件，并非事先想好的。

阿姆斯特朗很清楚迈出第一步之后需要说点什么，所以提到"一步"似乎是个不错的开始。有假说称他有意识地借用了作家托尔金的《哈比人历险记》中的一句话（"不是他个人特别大的一步，却是黑暗中的一步。"），或者是来自航空航天局一位官员的一份备忘录。阿姆斯特朗否认了这两种说法。

阿姆斯特朗在月球上的第一句话其实是"我马上就要从登月舱上迈开了"，之后他转身，踏在了月球表面上。此时，美国之音正在转播英国广播公司(BBC)的信号，当时全世界约有4.5亿人在关注着这一瞬间。

阿姆斯特朗迈出第一步后15分钟，奥尔德林也踏上了月球，成为第二位踏上月球的人类成员。他们开始测试人类在月球上行走的可行性。一开始他们还掀开了登月舱梯子上登月纪念牌的遮盖物，并在地上插了一面美国国旗。

这面国旗的顶端有一根铁丝，使旗子在无风的情况下依然能够展开。由于铁丝没有被拉直，国旗之前也一直是被折叠起来的，所以看起来似乎是有风在吹一般。

地面上关于是否应该插国旗曾引起争论，阿姆斯特朗认为这不是一个大问题。迪克·斯雷顿曾告诉阿姆斯特朗他们会收到特别的通讯，但没有说信号那一头会是总统理查德·尼克松。

对于阿波罗11号在月球上的大量照片只有5张包括阿姆斯特朗这一点，奥尔德林解释说这是插完国旗后尼克松的电话所致。

总统与阿姆斯特朗交谈了足足5分钟，而这正是计划中要给阿姆斯特朗拍照的时间。任务计划的时间安排精确到分钟，一旦错过便不会有机会补救。

将早期阿波罗科学实验包安装完毕后，阿姆斯特朗走到了登月舱60米外的地方，后来被命名为东环形山。这是两人在月球表面最远的活动距离。

阿姆斯特朗的最后一个任务是把一个纪念牌放在月球表面上，以缅怀为航天事业牺牲的苏联宇航员尤里·加加林、弗拉基米尔·科马罗夫以及阿波罗1号的3位宇航员查菲、格里森和怀特。

阿姆斯特朗和奥尔德林在登月舱外的时间约为两个半小时，是6次登月任务中最短的一次。之后的月表行走时间逐渐加长，到阿波罗17号时达到21小时。

回到登月舱后，舱门被关闭，舱内重新加压。在准备重新起飞时，两位宇航员发现他们不小心折断了一个断路器开关。如果无法修复，登月舱无法点火。

奥尔德林使用一支圆珠笔进行连接，登月舱得以点火。奥尔德林仍然保留了这支救了他们命的圆珠笔。登月舱的起飞部分带着两位宇航员进入月球轨道,与指令舱重新对接,返回地球。

为了保证宇航员们没有在月球上感染某种未知疾病,3人返回后被隔离了18天。之后3人被派到世界各地进行了一次45天的"伟大的一步"访问。

阿姆斯特朗之后在鲍勃·霍普的劳军联合组织活动中亮相,回答士兵们的一些问题,消除他们的反战情绪。一些小报曾编造出阿姆斯特朗和一道参加劳军联合组织的女演员柯妮·斯蒂文斯产生感情的故事。

1970年5月,阿姆斯特朗曾在苏联参加第十三届国际空间研究委员会会议。从波兰抵达列宁格勒后,他又来到莫斯科,拜访了苏联总理阿列克谢·柯西金。

阿姆斯特朗是西方世界第一个见到图-144超音速客机的,并到尤里·加加林太空人训练中心。训练中心对他来说有点"维多利亚风格"。一天的游览结束后,阿姆斯特朗很吃惊地看到了联盟9号发回的画面。

阿姆斯特朗对这次任务毫不知情,虽然执行任务的宇航员阿德里安·尼科拉耶夫的妻子瓦莲京娜·捷列什科娃负责招待阿姆斯特朗。

阿波罗11号任务后不久,阿姆斯特朗宣布他不会再次进入太空。在高级研究办公室担任副主任13个月后,1971年8月,他从航空航天局辞职,在辛辛那提大学(University of Cincinnati)工程系担任教授。

阿波罗11号后,阿姆斯特朗使用任务中的许多飞行经历代替了极超音速飞行模拟的毕业论文,获得了南加州大学的硕士学位。而他在多个大学(包括母校普渡大学)中选择规模较小的辛辛那提大学的主要是因为不想引起同事的反感;他不想因为自己学位不高而直接担任教授让其他人不满。

阿姆斯特朗在辛辛那提大学的正式头衔是空天工程学教授。8年后,由于个人原因以及对学校逐渐改为公立大学的不满,阿姆斯特朗辞职。

阿姆斯特朗曾在两次太空事

故后负责调查。1970年的阿波罗13号返回后，他被分在埃德加·科特莱特的调查小组中,给出了任务的准确时间表。他个人反对重新设计引起爆炸的氧气罐。1986年的挑战者号航天飞机灾难后，罗纳德·里根总统安排阿姆斯特朗担任罗杰斯委员会的副主席,负责调查任务的操作部分。

1979年秋,阿姆斯特朗在他自己位于俄亥俄州黎巴嫩(Lebanon)附近的农场工作期间,从卡车尾部跳下时,结婚戒指被卡在车轮上，使他的左手无名指被扯断。幸好,阿姆斯特朗保持冷静,找到了那截手指并冷藏,最终在肯塔基州路易斯维尔的犹太医院重新接合。

阿姆斯特朗轶事

1971年从航空航天局退休后，阿姆斯特朗谢绝了许多企业聘请他担任代言人的邀请。第一家成功邀请他的是克莱斯勒汽车公司。

阿姆斯特朗从1979年1月开始为克莱斯勒代言,同意的主要原因是因为这个企业在工程方面有很大的比重,当时的财政状况也不是很理想。他还担任了美国银行家联合会(Bankers Association of America)等公司的代言人。

阿姆斯特朗只接受过美国企业的邀请。阿姆斯特朗还曾在马拉松石油(Marathon Oil)、里尔喷气机公司(Lear Jet)、塔夫脱传媒(Taft Broadcasting)、美国联合航空公司以及锡奥科尔(Thiokol)等公司的董事会任职。

在罗杰斯委员会任职调查挑战者号航天飞机灾难期间，阿姆斯特朗调查过锡奥科尔生产的火箭推进器。2002年,他从EDO有限公司退休。

登月第一人曾被多个政党邀请从政,但他每次都谢绝了。他是一个杰

弗逊共和党人，反对美国四处担当"世界警察"的行为。1971年，因为对国家的贡献，他在西点军校被授予塞万努斯·塞耶尔奖（Sylvanus Thayer Award）。

1991年2月与朋友们在科罗拉多州滑雪时，阿姆斯特朗曾得过一次轻微的心脏病；他的父亲去世于1年前，母亲则是9个月前刚去世。患病期间，他与珍妮特分居，并在办理离婚手续。她厌倦了丈夫长期不在家的生活。1989年，一次商业活动后回家时，阿姆斯特朗发现了妻子的字条，决定分开。

1992年，在一次高尔夫球赛中，阿姆斯特朗认识了他的第二位妻子卡罗尔·海尔德·奈特（Carol Held Knight）。两人在用早餐时坐在一起，谈话不多。几个星期后奈特接到阿姆斯特朗的电话，问她在做什么。她回答她正在砍一棵樱桃树。

35分钟后，阿姆斯特朗来到奈特家里帮忙。1994年6月12日，两人在俄亥俄州结婚，后来在加利福尼亚州的圣伊斯德罗农场（San Ysidro Ranch）举行了第二次婚礼。

1994年起，阿姆斯特朗开始拒绝签名的要求。之前他一直慷慨地回复，但后来发现他的许多签名都被出售，并有许多赝品。他的签名在eBay等拍卖网站上常常能卖到1000美元，阿波罗11号3名宇航员的签名往往能以5000美元的高价成交。

如果还有人给他寄信要求签名，他会回复说他已不再提供这项服务。尽管这条规矩非常著名，作家安德鲁·史密斯（Andrew Smith）仍然在2002年的雷诺飞行竞赛（Reno Air Races）中看到有人在索取签名，甚至向别人说"只要你凑得足够近，他会签的"。

他也不再向新的鹰级童子军成员寄出祝贺信,他认为祝贺信应该来自真正认识这些孩子的人。

阿姆斯特朗多次被媒体询问他对未来航空事业的看法。2005年,阿姆斯特朗说宇航员去火星应该比60年代去月球要容易:"我认为虽然有很多困难,但不应该比我们开始阿波罗时面临的更严重。"对于自己的那次著名任务,他回忆说当时他认为只有50%的可能会成功,"我非常高兴,非常激动,也很惊讶我们真的做到了"。

普渡大学小百科

　　普渡大学的管理专业也在全世界享有很高的声誉。普渡大学管理学院于1958年由工业管理与交通系和经济学系合并而成。本科开设工业管理专业、会计专业、管理专业和经济专业。其中工业管理专业比较独特,含管理、应用科学、数学、经济。硕士研究生课程包括工业管理硕士专业、工商管理硕士专业、人力资源管理专业和高级管理硕士专业。博士研究生专业包括经济学,管理和组织行为/人力资源管理。在2001年研究生学院排名中,《美国新闻与世界报道》将其克兰纳特管理研究生院按综合实力排在第23位。其中生产/运作管理和定量分析排在前10位。

第二章　美丽的普渡大学

　　普渡大学是一所历史悠久的研究性公立大学，有政府特准的土地、海洋和空间使用权，历来以优良的教学质量和适中的收费标准闻名世界。

第一课　戴国亮:普渡大学访学记

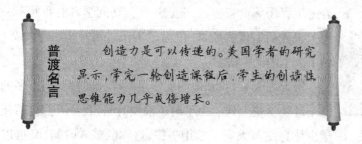

普渡名言

创造力是可以传递的。美国学者的研究显示,学完一轮创造课程后,学生的创造性思维能力几乎成倍增长。

2010年11月,在一个初寒的早晨,我带着行装,离开了生活、工作了多年的家园,登上赴美的航班。漫长的旅途,颠倒的时差,让我在刚到达洛杉矶时,浑身不适,在等候转机的同时,我深深感到了自己这一下是真的在异国他乡了,陌生的环境,全新的事物,让我既紧张又期待。

经过一系列的车马劳顿,美国当地时间2010年11月12日早,我终于到达了目的地——位于印第安纳州的普渡大学西拉法叶校区。在同为访问学者的中国朋友们的帮助下,我顺利办妥了入学与住宿的一切手续。

印第安纳州是美国主要的农业州之一,盛产玉米与黄豆等农产品,普渡大学坐落在乡村小镇之中,毗邻农田,是全美著名的"玉米地大学"。校园风景优美,气候干燥偏冷,远离了城市的喧哗,确实为一个学习与深造的极佳之地。普渡大学是一所公立大学,它的农学、机械、土木、管理等专业,在美国大学专业排名中名列前茅。

在我刚到的那几天,正逢化学系在庆祝该系教授根岸英一荣获2010年度的诺贝尔化学奖。我还从当地华人中了解到,普渡大学农学专业有一位美国科学院院士是祖籍安徽的美籍华人。这让我们这些中国访问学者

和留学生感到十分自豪。

通过对学校的进一步了解,中国的"两弹元勋",有"两弹之父"、"中国原子弹之父"之称的邓稼先先生就于1948—1950年在该校留学,1950年获物理学博士学位。我为自己有机会来到这样的学校感到兴奋不已,更暗下决心,我一定得珍惜此次学习交流的机会,最大限度地学习更多的知识。

我师从Rodrigo Salgado教授。Rodrigo Salgado教授在美国的岩土工程领域负有盛名。虽然,作为访问学者的我并不一定得天天去教研室或去听课,但为了不错过每一个学习机会,我开始了人生的又一次学生生涯。

每天一大早,我和他们的学生一样,准时乘坐8点多的城市巴士赶往学校上课。为了避免浪费时间,我每天都自带便当在学生休息室与大家一起用午餐,这样既节省时间,又可以与同学一起讨论学习内容。

我选听了三门课:1."Piling foundation",主要介绍黏土、砂土基本性能并介绍桩基础的最新研究成果,要完成期中考核,课程设计以及汇报,并被要求课前阅读相关的前沿文献;2."Fundamental behavior of soil",从微观的角度介绍土的基本性能、强度、刚度以及体积改变等;3."Geotechnical engineering II",介绍常见基础的设计,以提高学生学术研究能力。

由于口语与听力不好,在刚开始的学习与生活中,确实遇到了不小的困难,与国外学生交流起来比较费劲。在校园里,老师一视同仁,所有国际学生都应该是通过了英语测试才能来上课的,所以丝毫不

会在意每一个学生的接受能力,他们按照自己的模式与要求进行课程的推进与讲解,经常是讲过了中午1点,还没有结束的意思。

我上课时既要抓紧时间记笔记,还要不停地思考老师的提问,上课回答问题是每个学生必须要做的事情。由于听力水平有限,我得打起十二万分的精神,集中全部的注意力去听老师的课,经常是手忙脚乱,晚上回到家里,已是没有一分的力气与精神。

为了改变这种被动的局面,我对自己的状况进行了一番分析,首要任务是迅速提高我的表达能力。教授向我推荐了当地一家免费的,旨在帮助母语非英语的外来人员学习英语的学校。通过入学考试,我被分到了高级班,其中既有来自土耳其的访问学者,也有来自巴西、印度的在读博士生以及我们的同胞。

于是,白天,我在普渡大学上课,晚上五点半至九点,我就去语言学校学习,不论严寒酷暑,我都坚持了下来。休息日一有空,我主动去参加各种国际学生的交流会,练习口语。我仿佛又回到了高中时代,紧张忙碌,但心里很充实。

随着时间的流逝,我的表达能力有了提高,在与同学、教授交流时,畏难情绪再也没有出现,上课的效率也提高了,于是我就有机会和其他学生一起去参观试验室,到UIUC的土木工程学院以及Michigan大学进行交流,还参加了洛杉矶24th ICTPA会议并做了学术报告。在这一年里,我在国际著名学术期刊发表学术论文1篇,投稿2篇;国际会议论文发

表1篇,录用1篇;中文核心期刊发表2篇,录用2篇。

普渡大学土木工程学院学术氛围很好,仅岩土系,每年都有定期的洛弗尔讲座和莱昂纳茨讲座。值得一提的是岩土研究生协会组织,每个学生成员以及教授每年缴纳一定的会费。该协会每年选举一次,设会长、副会长以及财务3人,该组织成员是美国ASCE的学生会员。

每年组织至少4场研讨会,每次研讨会都要邀请岩土领域的1名或2名著名学者来进行报告。活动完全由学生协会来组织,大大地提高了学生的组织能力以及对外的交往能力。另外,他们每年还要组织一次学生和教授及其家属的烧烤活动。教授们一般都会参加,由此增进了学生与老师之间的友谊。

在美的一年,让我留下深刻印象的是这里的学生与教师的价值观。从本科生到博士生,甚至是教授,对学习、工作的热情与忘我的投入,完全打破了我原先的"国外的大学学习轻松简单"观念。他们的奋斗精神,让我为自己以前的想法感到汗颜。

不过,这也从一个侧面说明了为什么美国的大学是高科技人材的摇篮。通过参与课堂学习,我觉得普渡大学教学特色鲜明:教师对待学生平等随和,对待工作敬业乐观;授课幽默风趣,阅历丰富,学术成果丰硕。而作为学生,每一个人诚实守信,自信独立充满活力和激情,动手、沟通、协作、组织、创造能力都很强,特别热心公益活动和社会实践,有强烈的责任感。学校很注重实践能力的培养:教学目标力求培养学术的职业能力,尤其是动手能力、沟通能力、创造能力和团队协作意识。

教师特别重视过程考核,每个教学单元都安排考试,还有期中考试、期末考试。平时课后作业多,并与测验、单元考试一起计入平时成绩。衡量学生成绩的标准不仅仅是考试分数,还有上课的参与程度、实习情况,学生根本就不会无故缺课，因为连迟到都不行。严谨的学术氛围，没有人敢弄虚作假，美国是一个绝对讲究诚信的国家。

学校的硬件与软件设施都十分好，办公自动化程度很高。岩土系仅配专职秘书一名，要负责岩土系的日常工作，含外事、收发包裹，会议室以及教室预订，还配合各种学术活动的组织和安排。

还有，各种资料的查找十分便捷，如果查不到的数据库资料，可以发email给图书管理员，一般15天之内会收到扫描版或者纸质版。当然，美国是一个非常注重知识产权的国家，这就注定了这里的书价是相当的贵，在校园网上不可以随便下载盗版资料。

美国的制度执行力要比我们高得多，因此，人们的办事效率是高效有序的。包括政府、学校、医院、行政机构办事人员、银行员工等，宗旨都是为公众服务。他们的敬业精神令人称赞。

任何一件事情的处理方式都不会因为你的肤色与人种，身份与地位的不同而有所不同，"平等"几乎渗透进他们的血液之中。在校园的任何地方，人们只要看见拿着地图看的人，都会主动上前给予帮助，其热心程度超出我的想象。

美丽的校园，异域的文化，所有的一切都已是美好的回忆。一年的时

间虽短,可也让我看清了自身的不足,过了而立之年后,让我又一次审视自己的人生观与价值观。

只有亲身经历过,体会才更深刻。去其糟粕,取其精华,我将站在新的起点上,担负起一名大学老师与科研工作者的神圣使命和责任,为学院、为学校、为国家的发展贡献出自己的力量。

——戴国亮《美国普渡大学访学记》

普渡大学小百科

在 2001 年研究生学院排名中,《美国新闻与世界报道》将其工学院按就业情况排在第 3 位,按综合实力排在第 13 位。其中工业工程学院、土木工程学院、航空航天工程学院、机械工程学院和电子与计算机工程学院都排在前 10 位,农业与生物工程系排在第 2 位。在 2001 年本科学院排名中,《美国新闻与世界报道》将其工学院按综合实力排在第 9 位。其中工业工程学院、航空航天学院、土木工程学院、机械工程学院、原子工程学院和电子与计算机学院都排在前 10 位,化学工程学院、材料工程学院和环境工程学院排在前 20 位。普渡大学毕业的工科学生深受雇主欢迎,例如在通用汽车公司,普渡大学毕业的雇员人数多于其他美国大学毕业的雇员人数。

第二课　普渡大学的师资力量

普渡
名言

　　　　　垄断者提供的只是平淡的生活,低劣的质量以及不文明的服务。

　　普渡大学美式足球队为Big Ten联盟中的主要成员,曾在1967年及2001年打进Big Ten联盟的决赛。

　　米奇·丹尼尔斯1971年毕业于普利斯顿大学公共与国际关系学院,其后于1979年在乔治城大学获得法学博士学位。

　　米奇·丹尼尔斯在2004年被选为美国印第安纳州州长,2008年连任,将于2013年1月卸任,卸任前由代理校长处理学校日常事物。在担任州长前,米奇曾任罗纳德里根政府资深顾问和乔治布什政府资产管理办公室主任。

　　代理校长:Timothy D. Sands,1980年毕业于加州大学伯克利分校并获得工程物理学荣誉学士,1981—1984年分别获得加州大学伯克利分校的材料科学硕士和博士。他至今已经拥有了17项美国专利。Timothy D. Sands于2002年开始在普渡大学任教至今,期间教授材料工程与电子工程,2010—2012年7月担任普渡大学教务长,8月起担任代理校长。

　　著名教授:根岸英一,日本科学家,1935年出生在中国长春。2010年诺贝尔化学奖得主,普渡大学化学系赫伯特·布朗教授,在钯催化交叉偶联

反应研究领域的成果使人类能有效合成复杂有机物。

赫伯特·布朗,1979年诺贝尔化学奖得主,时任（1947—2004）普渡大学化学系教授。

弗农·史密斯2002年诺贝尔经济学奖得主,普渡荣誉博士,该校克兰纳特学院教授,曾在普渡开始其学术职业生涯并工作12年。

艾伯特·欧沃豪斯,美国科学院院士,普渡大学著名教授。1951年加利福尼亚大学伯克利物理系博士学位,2005年被授予普渡荣誉博士学位。1951年发明欧沃豪斯效应并取得卓越的成就,被公认为该领域的权威。1973年在普渡开始其教授职业生涯并工作37年,1994年美国国家科学奖章得主,2009年在瑞典哥德堡被授予拉塞尔·瓦里安奖。

查尔斯·埃里斯,美国著名的金门大桥设计者,普渡大学土木工程教授。

雷金纳德·费森登,无线电广播之父,普渡大学电子工程第一个教授。

傅京孙（King-sun Fu）,美国工程院院士,著名华裔科学家,模式识别之父,1960—1985年普渡大学电子及计算机工程系著名教授。

莱因哈特·舒曼,现代冶金学奠基人,1954—1980年普渡大学冶金学教授。

加弗瑞尔·沙尔文迪,普渡大学工业工程学系教授,美国工程院院士,长期从事工程学的研究并取得卓越的成就。所主编的工业工程手册在国际上被公认为该领域的权威著作。2001年10月,清华大学聘加弗瑞尔·沙尔文迪担任清华大学工业工程系第一任系主任,开外国学者任清华系主任的先河。

加比萨·埃西塔,作物育种专家和遗传学家,因对高粱种植的研究做出重大贡献而荣获2009年世界粮食奖。

同时,普渡大学球队昵称为锅炉制造工,隶属于NCAA18个分区中的I/I-A区,并为Big Ten联盟中的成员。校园中较受重视的运动项目包括美式足球及篮球。

美式足球:普渡大学美式足球队为十大联盟中的主要成员,曾在1967年及2001年打进象征联盟冠军的玫瑰杯(Rose Bowl),并自1996年后,在教练乔·分蘖的带领之下,连续八年都打进季后各种不同的杯赛。

篮球:普渡大学的男子篮球及女子篮球是Big Ten联盟所有球队中赢得最多联盟冠军的队伍,包括21次的男子冠军及6次的女子冠军,其中男子篮球队教练金凯帝在担任教练的25个球季(1980—2005)中,共带领普渡男子篮球队打进18次的NCAA季后赛,生涯胜场数超过五百胜,为史上最多胜的教练。

从普渡大学走出的著名NBA球员有:

1980年NBA状元乔·巴里·卡罗尔(Joe Barry Carroll)金州勇士(Golden State)。

1994年NBA状元格伦·罗宾逊(Glenn Robinson)密尔沃基雄鹿(Milwau-kee)。

火箭队2007年新秀卡尔·兰德里(Carl Landry)。

布拉德·米勒,NBA前全明星球员,曾效力于公牛队、步行者队、国王队、火箭队和森林狼队。

布莱恩·卡蒂诺,2012年随小牛队夺得NBA总冠军,也是首位获得NBA总冠军的普渡球员。

2011年选秀大会,朱万·约翰逊第一轮第27位,艾托万·摩尔第二位25轮,被凯尔特人队选中并签约。

罗比·赫梅尔,2012年选秀大会上,第二轮第28位被森林狼选中。

普渡大学小百科

提起普渡大学,人们首先会想到的是它雄厚的工科实力。自1878年开始授予工科学位以来,普渡大学保持在授予工科本科学位人数最多的5所大学之列,而且是授予妇女工科学位人数最多的大学。在美国每50名工程师中就有一名毕业于普渡大学。工学院开设专业覆盖航空航天、农业、生物、生物医学、化学、土木、建筑、电子、计算机、工业、材料、机械、原子、勘察和一些交叉学科。

第三课　普渡大学特色专业

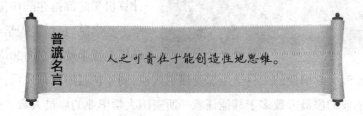

普渡名言

人之可贵在于能创造性地思维。

　　普渡大学有雄厚的工科实力。自1878年开始授予工科学位以来,普渡大学保持在授予工科本科学位人数最多的5所大学之列,而且是授予妇女工科学位人数最多的大学。在美国每50名工程师中就有一名毕业于普渡大学。

　　其工学院开设专业覆盖航空航天、农业、生物、生物医学、化学、土木、建筑、电子、计算机、工业、材料、机械、原子、勘察和一些交叉学科。在2001年研究生学院排名中,《美国新闻与世界报道》将其工学院按就业情况排在第3位,按综合实力排在第13位。

　　其中工业工程学院、土木工程学院、航空航天工程学院、机械工程学院和电子与计算机工程学院都排在前10位,农业与生物工程系排在第2位。

在2001年本科学院排名中,《美国新闻与世界报道》将其工学院按综合实力排在第9位(公立大学中第5位)。其中工业工程学院、航空航天学院、土木工程学院、机械工程学院、原子工程学院和电子与计算机学院都排在前10位,化学工程学院、材料工程学院和环境工程学院排在前20位。

普渡大学毕业的工科学生深受雇主欢迎,例如在通用汽车公司,普渡大学毕业的雇员人数多于其他任意一所美国大学毕业的雇员人数。普渡大学的管理专业也在全世界享有很高的声誉。普渡大学管理学院于1958年由工业管理与交通系和经济学系合并而成。

本科开设工业管理专业、会计专业、管理专业和经济专业。其中工业管理专业比较独特,含管理、应用科学、数学、经济。硕士研究生课程包括工业管理硕士专业(11个月)、工商管理硕士专业(2年)、人力资源管理专业(2年)和高级管理硕士专业(2年)。

博士研究生专业包括经济学,管理和组织行为、人力资源管理。在2001年研究生学院排名中,《美国新闻与世界报道》将其克兰纳特管理研究生院(Krannert Graduate School of Management)按综合实力排在第23位。其中生产/运作管理和定量分析排在前10位。

普渡大学的管理专业也在全世界享有很高的声誉。普渡大学管理学院于1958年由工业管理与交通系和经济学系合并而成。

在2001年研究生学院排名中,《美国新闻与世界报道》将其克兰纳特管理研究生院按综合实力排在全球第23位。其中生产运作管理和定量分析专业排在前10位。

2002年《金融时报》按地域分布情况将克兰纳特管理学院的MBA课程

评为全球第4位,按学生达到目标情况评为美国第6位、全球第8位。另外,普渡大学的教育学、数学、化学、心理学、计算机科学、听力学研究生院(系)也都在美国排名前54位之内。

西拉斐特主校位于芝加哥西南部,以工科和农学见长,现有12个学院和400多个实验室,其中工学院和文学院规模最大,共开设了200多种授予学位的专业和近6100门课程。

在校学生38208名,来自美国50个州和全世界129个国家,其中研究生有1622名,研究生课程和科研都归研究生院负责。美国北方学院中心协会授权该校颁发博士学位。

普渡大学小百科

学校优势:1.美国 TOP100 名校,全美工学院研究所排名第六、农业及生物工程系全美研究所排名第二、航天工程全美研究所排名第四、工业工程全美研究所排名第五、核子工程全美研究所排名第五、土木工程全美研究所排名第八、机械工程全美研究所排名第八、电机及计算机工程全美研究所排名第十、工业制造学全美排名第二;2.普渡大学毕业的工科学生深受雇主欢迎,因此普渡大学的工科就业率及雇主满意率在全美居第一位;3.100%保证顺利取得美国留学签证。

第四课　毕业于普渡大学的科技之星

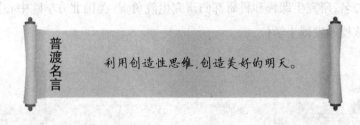

普渡名言

利用创造性思维,创造美好的明天。

　　李国杰,中国工程院院士,计算机专家,祖籍为湖南省邵阳市下花桥镇人。

　　1954年考入邵阳市四中初18班,高中就读于邵阳市二中高27班。1962年以优异成绩考入北京大学物理系。

　　毕业后,曾被安排到贵州一农场劳动锻炼,1973年调邵阳市无线电厂(现市计算机厂),曾参与研制154计算机、140计算机。1978年考入中国科

技大学研究生院，1981年赴美普渡大学攻读博士、博士后，1987年学成回国，后任国家智能计算机研究开发中心主任。其先后主持研制的曙光一号、曙光1000和曙光2000、曙光3000高性能计算机，达到世界先进水平，在国内外引起广泛关注。

自古瓜儿苦后甜

李国杰早年的人生之路荆棘丛生。

他出生在湘西南邵阳。这里古代属楚地。在这块2500年历史的奇丽山水地域上，养育造就了一代代独特的邵阳人，他们用智慧和汗水建设家乡，奉献祖国。

正在他立志成才发愤攻读之时，一场政治风浪袭来，李国杰的父亲，一位献身教育有志的知识分子，1957年因小小地放了几炮，立即招来一顶硕大的右派分子的帽子扣在头上，被遣送到农村劳动改造，一去就是20余年。

在一家缝纫厂做工的母亲，节衣缩食撑着坚持送儿子读书。年轻的

李国杰,克服生活上的艰苦,强忍心灵上的痛苦,更加发愤苦读,各门功课优秀。

他的学习经验曾刊在学校的板报上。1962年,以优异成绩考进了为中国青年最感荣耀的北京大学,就读于物理系。

吃苦是福,对一个坚毅有志者来说,确实如此。"我事从来万般险,自古瓜儿苦后甜"。这是李国杰在1978年8月研究生复试中写给他妻子张董华信中的一句话。

过去的苦读换来以后的甜。李国杰的人生道路验证了这一富有哲理的诗句。

有幸结缘计算机

李国杰当年从北京大学毕业后,有些运走华盖。毕业之日,正值20世纪60年代末,那时知识分子作为"老九"似乎臭不可闻。他被狂潮裹挟,发落到贵州一个农场。他同他的知识,在那里一同接受改造。后来他终于调回了家乡湖南省邵阳市,在当时的无线电厂干电镀(即现在的市计算机厂),对这个谋生的手段,他无力也无心反抗。然而,他满脑子的智慧,也在自觉不自觉地寻找出路。是年厂里决定研制台式计算机,当时这种产品还是相当神秘的东西,可对于他这个北大物理系的高材生来说,却具有巨大的吸引力。于是他坚持自学、独立思考,对研制工作能说出一些道道,厂里

就决定他参加搞硬件。这种被命名为"七三三台式计算机"研制成功后,得到了电子工业部的重视。后电子工业部又决定研制"154计算机"和"140计算机"。

从北京738厂、鞍钢研究院,大连和邵阳抽调

科技人员组织攻击,李国杰被选派参加研制几次的联合攻关,显示出了他的智慧。从此,李国杰与计算机结下了不解之缘。这期间,中国的形势发生了惊人的变化,"老九"被洒上了香水,考研也成为现实。

1978年三四月间,李国杰出差北京,在火车上听到了全国恢复高考这一令人激动的消息。于是他匆匆准备上阵。当时的录取比例为20:1,得知自己金榜题名时,他激动不已,考入了中国科技大学研究生院,师从我国计算机界前辈夏培肃教授。由于他学习成绩优秀,当美国普渡大学一位教授访华时,被这位教授相中。

1981年蓄势待发的李国杰幸运地前往普渡大学攻读博士学位,师从美国计算机界权威华云生教授。李国杰这位不服输的东方学子,废寝忘食,活跃的脑细胞在新兴的计算机领域里纵横驰骋。1985年,他与华云生教授一起前往伊利诺大学工作。炎黄子孙血液中流动的勤奋刻苦的因子,使香港的华云生教授与北京来的李国杰既是师生,又是伙伴。

在短短的几年里,李国杰在并行计算机系统、有效搜索方法和VLEI阵处理三个领域取得了突出成果,在国外权威学术刊物和重要国际学术会上发表论文40多篇,成为我国计算机领域的新星。

曙光初露扬国威

1987年李国杰博士学成回国。此前,美国方面曾多次高薪留聘他。但他牢记父辈的谆谆教诲和殷殷盼归之情,对此婉言谢绝。他说:"我的根扎在中国的黄土地上,离开这片黄土地我就无法生活,更谈不上开花结果"。

他满怀着爱国热情,从大洋彼岸携眷归来,分配在中科院计算技术研究所工作。1990年3月,国家智能计算机研究中心成立。李国杰临危受命,出任中心主任。他清醒地认识到形势的严峻和任务的重大。世界上第一台电子计算机是由美国宾夕法尼亚州大学莫尔学院的莫克莱于1945年研制成功并举行

【走近名人】

李国杰现任中国科学院计算机所所长、曙光信息产业有限公司董事长兼总裁,是九届全国人大代表、全国先进工作者。1995年当选为中国工程院信息与电子工程学院院士。

公开表演。运算速度比当时最好的机电计算机快1000倍,因此赢得了一片欢呼声。

20世纪60年代,美国耗资50亿美元,研制出第三代计算机,比美国研制第一颗原子弹的曼哈顿计划投入还多。它的运算速度已达每秒千万次。到1976年,美国CLC公司研制的计算机速度每秒2.5亿次。到20世纪80年代,巨型机的运算速度又上了一个新台阶。而我国80年代中期研制的757计算机每秒仅1000万次。这种计算机已无法走向市场。面对在中国计算机领域的尴尬,深深刺痛了李国杰的心。

他暗暗下决心:必须迎头赶上。他清楚地认识到这是一场高科技领域的艰巨攻坚,是国际高尖技术激烈竞争中的"奥林匹克项目"。我们只有一个选择:奋进与成功!

国外计算机公司开发新一代产品时,动辄投入资金几亿、几十亿美元,运用技术人员上百人,以最大的投入换取最快的新产品周期。我们中国缺资金、缺人员,有的只有年轻学子们的一腔报国热情。

"只要凝聚了一批脚踏实地、决心为振兴民族高科技产业而努力拼搏的斗士,外国一流实验室能做到的,我们也应该能做到。"李国杰的话,透着一股东方人的血性。中心成立之初李国杰聚集了一批刚走出校门的年轻学子。

北大毕业的孙凝晖、留美13年后回国的徐志伟等,先后集合在他的麾下。他按照党中央、国务院的指示,根据专家组制定的课题指南,以90年代计算机主流技术并行处理计算机作为主攻方向。这是因为,在国际计算机产业高速度增长情况下,中国工作站以上的高性能计算机市场几乎全被国外厂商占领。所以我们必须瞄准更高的起点,研制生产比西方更先进的智能计算机来占领市场。

让东方的曙光冲破乌云。经过充分调查研究与论证,研究开发中心确定了研制共享存储多处理机——曙光一号,和分布存储并行计算机——曙光二号,作为近期关键目标产品。

李国杰在中心门厅里挂出了横幅:"人生能有几回搏",表示他与同伴们的不达目的势不罢休的雄心壮志。

研制"曙光一号"采取什么样的技术路线,这是成功与否的关键。

李国杰的视野是开阔的。他提出:"计算机的研制必须以市场为导向,研制的成果必须要依托市场,具有很强的市场竞争力,在产品的核心技术上,既要开展国际合作,又要有所创新,超过国外同行。"按照这一思路,李国杰带领研究开发中心的全体伙伴,进行"全封闭式"的攻关。

1993年5月,"曙光一号"诞生了,它是我国第一套微处理芯片构成的全对称多处理机系统。它的体积只有一台普通音箱那么大,它的主存容量达到64兆字节到768兆字节,定点速度可达每秒6.4亿次。而我国前些年从外国进口的同类产品,其体积是"曙光一号"的5倍,价格也为5倍,速度却是"曙光一号"的1/5,"曙光一号"达到世界先进水平。李国杰和伙伴开心地笑了。中国人有志气、有能力,外国人能做到的,我们中国人一定能做到。

1994年初,"曙光一号"在长沙经受了一次别具一格的"洗礼"。当时,研究开发中心闻讯湖南省邮电管理系统一项目正在国内外招标,国外一些著名的计算机公司已蜂拥而至。为了不错过这次显露身手的机会,李国杰主任决定,紧急从武汉大学软件基地调运一台正在使用的"曙光一号"参加演示。工作人员将未装箱的机器直接放在一辆小面包车上,日夜兼程直奔长沙。

不幸的是,车子在途中颠倒一个大坑里,"曙光一号"随即摔倒了。这么精密的高性能机子能经受这么一摔吗?车上的人都忧心忡忡。车抵达长沙后,随车护送的武汉大学副校长李卫华一见到李国杰就十分抱歉地说:"'曙光一号'可能摔坏了"。李国杰说:"接上电源试试吧"。结果一开电,机器运行正常,安然无恙。

"曙光一号"在长沙引起了轰动。时任主管科技的潘贵玉副省长高兴地说:"我们'银河'的故乡,热情欢迎'曙光'的到来"。1994年春节茶话会上,江泽民

【走近名人】

　　1994年3月,李鹏总理在八届人大二次会议上激情地宣告:"曙光一号智能计算机等一批科研成果达到世界先进水平"。"曙光一号"获中科院科技进步特等奖。

总书记与李国杰亲切交谈，对他研制成功的"曙光一号"表示热烈祝贺，勉励他不断攀登，再铸辉煌。

誓与洋人齐驾驱

　　曙光在前，李国杰充满了民族自信心。但他清醒地认识到，当今计算机这一高科技领域日新月异。如果我们只从外国大公司的产品介绍中获取信息，只以外国公司已推出的产品为跟踪目标，那么我们至少要落后外国一两年。

　　在计算机领域，落后一两年就意味着没有竞争力。李国杰博士带领计算机所的一批年青斗士，以只争朝夕的精神，继续向计算机的高峰攀登。1995年6月，曙光1000诞生了，接着曙光2000又呱呱坠地。曙光2000的峰值运算速度达到了每秒1100亿次，这个运算速度，已是相当高了。

　　摆在华厦基因研究中心的曙光2000巨型计算机，每台有近两米多高，一米多宽，和对面摆放着的普通台式机一比，显得鹤立鸡群。华厦基因研究中心就是运用中国所制造的高速计算机处理了我国分担1%的人类基因测序任务所产生的巨量信息。

　　当全世界人们欢声笑语迎来21世纪到来时，曙光3000巨型计算机作为向新世纪的献礼又问世了，峰值运算速度已达每秒4000亿次。为当时全国之最。这与国外最新的巨型机仍有一定差距，但可说已踩着人家的脚后跟了。

　　在曙光3000计算机成果汇报会上，科技部部长朱丽兰深有感触地说，前些年，我国一个部门为了工作需要，到美国去买计算机，人家爱理不理的，价也很高，买到的却不是很先进的东西。现在我们有了高性能的曙光机，外国对我们客气多了。

　　李国杰告诉朱丽兰部长，现在不是我们做美国IBM的代理，替外国人卖计算机，而是外国公司要做我们曙光机的代理，替我们在海外卖曙光机。曙光公司已在美国、香港等国家和地区，设立了多个分支机构，朱丽兰部长听此言，会心地笑了。

现在，李国杰领导的计算机所正向计算机的核心技术发起冲击，中科院在2002年9月28日的新闻发布会上宣告：计算机已研制成功我国第一款通用微处理（龙芯一号CPU），表明我国已初步掌握当代通用微处理器设计的关键技术。计算所在确定研究方向上十分注重前瞻性，他们在单一系统映象、机群操作系统等方面的有些研究已走在外国大公司前面。他们两年前就着手关于网格即国家高性能计算机环境的研究，现已取得初步成果。

"十五"期间，他们计划开展面向网格的超级服务器的研制，下一代的曙光4000将成为构建中国网格系统的基础。

东方曙光，必将超越西方，铸造中华辉煌。

第五课　普渡大学名人榜——孙立人

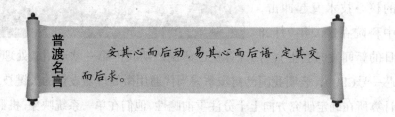

安其心而后动，易其心而后语，定其交而后求。

走近人物

孙立人（1900—1990），汉族，陆军二级上将，曾在美国留学。被誉为抗日名将、军事家、民族英雄，曾任蒋介石"五大主力"之一的新一军的军长。1923年入普渡大学加修土木工程学，1925年取得学士学位。

抗战期间，仁安羌一战为其赢得了国际声誉，曾营救英军并和美军并肩作战，打通中缅公路，被欧美军事家称作"东方隆美尔"。

他是国民党军级单位将领中歼灭日军最多的将领，曾荣获第三等级的不列颠帝国勋章，被视为国军中相当另类的鹰派。他不仅具有出色的军事才能，也非常重视国民教育。

孙立人，字仲伦，安徽庐江人。1923年毕业于清华大学土木工程系，同年赴美留学，获理学学士学位。后又考入弗吉尼亚西点军校，攻读军事。1928年回国，1932年调财政部税警总团任第2支队上校司令兼第4团团长。

1937年10月，孙立人率部参加淞沪会战。在蕴藻浜一线的阻击战中身先士卒，负伤13处。次年伤愈后又率部参加了保卫武汉的战斗，两次立下战功，从此便在军界崭露头角。

国民政府迁都重庆后，财政部重组税警总团，孙立人晋级少将总团长，率部迁移到贵州都匀练兵。经过两年严格的训练，这支非正规部队成为国民党最精锐部队之一。1941年12月，税警总团改编为新38师，隶属于第66军，孙立人任少将师长。

1942年2月，中国组成远征军，下辖第5军、第6军和第66军。4月，孙立人率新38师抵达缅甸，参加曼德勒会战。4月17日，西线英军步兵第1师及装甲第7旅被日军包围于仁安羌，粮尽弹缺，水源断绝，陷于绝境，孙立人奉史迪威之命派113团团长刘放吾率团星夜驰援。

18日凌晨，孙立人亲自从曼德勒赶往前线指挥113团向日军发起猛烈攻击，至午即攻克日军阵地，歼敌1个大队，解了7000英军之围，并救出被日军俘虏的英军官兵、传教士和新闻记者500余人。

仁安羌之战是中国远征军入缅后第一个胜仗，孙立人以不满1000的兵力，击退数倍于己的敌人，救出近10倍于己的友军，轰动全球。之后，蒋介石给他颁发了四等云麾勋章。罗斯福授予他"丰功"勋章。英王乔治六世则授予他"帝国司令"勋章，孙立人是第一个获得这种勋章的外籍将领。

1942年8月，先后到达印度的中国远征军新38师和新22师进驻印度兰

姆珈训练基地,番号改为中国驻印军。开始装备美械和训练。10月,中国驻印部队改编为新1军,郑洞国任军长,下辖孙立人新38师和廖耀湘新22师。1943年10月,中国驻印军开始向缅北大举反攻。

第二次缅甸战役开始,孙立人指挥新38师如下山猛虎般扑向胡康河谷。10月29日占领新平洋,12月29日攻占于邦。

占领于邦后,孙立人攻势不减,于1944年2月1日攻克太白加,3月4日与廖耀湘新22师两路夹击攻克孟关。3月9日,孙师113团与美军突击队联手攻占瓦鲁班。号称"丛林作战之王"的日军第18师团死伤过半,狼狈逃出胡康河谷。

据日军战史记载:"在九州编成,转战中国,素有把握的第18师团,与中国军战斗最自信,岂料胡康河谷的中国军队,无论是编制、装备,还是战术、技术,都完全改变了面貌……使我军损失惨重,全军不禁为之愕然。"

驻印军攻占胡康河谷后,3月14日乘胜向孟拱河谷进攻。新38师113团从左翼翻山越岭迂回到坚布山后方,和新22师两面夹击,29日攻占坚布山天险,叩开了孟拱河谷的大门。

4月24日,按史迪威的计划,新38师和新22师分别向孟拱和加迈攻击前进。5月下旬,孙立人从缴获的日军信件中获知:由于日军第18师团主力在索卡道被新22师包围,加迈城内兵力极为空虚,师团长田中新一坐守空城,惊恐万状。

中国驻印军攻克密支那后,部队进行休整扩编,由新1军扩编成两个军,即新1军和新6军。孙立人任新1军中将军长,下辖新38师和新30师(后廖耀湘新6军回国增援国内抗战,其50师编入新1军)。

1944年10月,反攻缅北的第2期战斗开始。中国驻印军由密支那、孟拱分两路继续向南进攻。孙立人率新1军为东路,沿密支那至八莫的公路向南进攻,连续攻取八莫、南坎。

1945年1月27日,新1军与滇西中国远征军联合攻克中国境内的芒友,打通了滇缅公路。随后,孙立人指挥新1军各师团继续猛进,3月8日攻占腊戍,3月23占领南图,24日占领细胞,27日攻克猛岩,胜利结束第2次缅甸战役。

1945年7月,孙立人率新1军返抵广西南宁,准备反攻广州。同月,应欧洲盟军最高司令艾森豪威尔之邀,孙立人赴欧考察欧洲战场。

8月15日,侵华日军投降。9月7日,孙立人率军进入广州,接受日军第23军投降。抗战胜利后,新1军与新6军被调往东北进行内战,凭着优势武力,曾在作战初期取得上风,不过却因与杜聿明不和,孙立人被调回南京国防部任职,实际已远离战场。

1948年,孙立人被派往台湾凤山,主持新兵训练。1954年因"兵谏"事件被蒋氏父子软禁于台中33

年,直至1988年3月恢复自由。1990年11月19日,孙立人在台中市去世,终年虚岁90。

孙立人的早年生涯

孙立人于1900年出生在中国安徽省,父亲孙熙泽是清朝末年的举人,被派任为山东知府,举家前往青岛居住。满清末年国土被列强割据,当时青岛为德国占领区。

孙立人9岁时,某天在海边玩耍,发现了一颗极为漂亮的石头,于是高兴地将这颗石头拿在手里面玩耍。这时,来了几个德国小孩,他们看见了孙立人手上的石头,于是联手欺负孙立人,抢走了石头,还辱骂了中国人。

日后这次事件对于孙立人的影响极大,他认为"自己的国家一定要强盛,才能够让人民都活着有尊严",也成为他日后投身军旅的重要触媒。

孙立人于1914年以安徽省第一名的成绩考取清华学校(今清华大学)。当时的清华学校十分注重学生的体育锻炼,孙立人在校风熏陶下,热衷于篮球、足球、排球、网球、手球、棒球等各项球类运动,在众多项目中孙立人最擅长的是篮球。

1920年他任清华篮球队队长,率队击败当时称霸京津篮坛的北京高等师范学校,获得华北大学联赛冠军。

1921年入选中国国家男子篮球队,参加了在上海举行的第五届远东运动会,身高1米85的孙立人当时担任球队的主力后卫。

当时篮球项目有菲律宾、中国、日本三国参加,东道主中国队经过激战,先以32∶29击败日本,再以30∶27击败菲律宾,获得本届运动会篮球冠军,这是中国在国际大赛中第一次获得的篮球冠军。

　　孙立人进清华后的第二个学期，在体育活动中受伤而住院治疗，休学一年，终于治愈，故在清华9年，于1923年毕业。

　　同年赴美留学。因其在清华学校已习基础工程多门，故直入普渡大学三年级加修土木工程学，1925年取得学士学位毕业。

　　期间曾为美国桥梁公司受聘当设计绘图师。1926年孙立人进入维吉尼亚军校，接受严格之军事教育，因其已有学士学位，故直入三年级习文史，1927年以文学士毕业，游历欧洲，参观英、法、德等国军事。

　　1928年孙立人回国，在国民党中央党务学校（今国立政治大学），任中尉军训队长。1930年入陆海空军总司令部侍卫总队任上校副总队长。1932年调财政部税警总团任第二支队上校司令兼第四团团长。

　　税警总团由财政部部长宋子文一手创建，武器从德国购买，排以上军官大部分由留美学生担任。在孙立人的训练下，其所属部队官兵教育水平以及学科、术科和缉私方式的水平都远高于一般部队。事实上，税警总团、第36、第87、第88师和中央教导总队即是第一批接受德械装备与训练的部队。

　　由于当年孙立人任团长的第四团曾在华东射击比赛中获得第一名，而前10名里面第四团共占了7名，孙式训练遂逐渐崭露头角，也因孙热爱篮球，是政府撤退台湾后，军队早期篮球运动鼓励提倡者。

孙立人的军旅生涯

　　1937年10月，孙立人率税警总团第四团参加淞沪会战，与日军血战两周，在周家桥破坏日军机械化橡皮桥，7次击退强渡苏州河的日

军，使该地成为淞沪会战中日军伤亡最重之处。

但此役孙立人为夺回友军失去阵地，遭迫击炮弹攻击身受13处创伤，由其部属李鸿营长、指挥号长苏醒与机枪连长胡让梨背负救出，昏厥3天后借由宋子文之协助立即送往香港接受完整治疗。

伤愈后，孙立人返回武汉加入财政部重组之缉私总队担任少将总团长，率部迁移到贵州都匀练兵。重组之缉私总队为松沪会战后伤愈之税警总团残兵（未受伤的被团长黄杰带走改组为40师）加上新募为主，规模3团，经过两年严格的训练，孙立人将缉私总队由原本之3团残兵新兵逐步扩张至6团规模。

在国民政府急需有力部队之要求下，1941年12月财政部被迫交出部分缉私总队半数兵力给国民革命军重组为新编第38师，作为交换条件由原本财政部体系的孙立人晋任少将师长，隶属于第66军，这支部队成为中华民国当时的主力部队之一。

1942年2月，中国组成远征军，下辖第5军、第6军和第66军。4月，孙立人率新38师抵达缅甸，参加曼德勒会战。

英军指挥官哈罗德·亚历山大上将为掩护撤退，要求中国军队离开自己的防线去掩护英军的侧翼，第5军指挥官杜聿明认为英军当面敌情并不严重，不愿为了掩护英军而乱了自己的阵脚。

1942年4月9日，日军33师团兵分三路，开始仁安羌作战，此处本不是中国远征军的作战范围。在这次交战中，英缅第1师、英印第17师和装甲第7旅进行了一定的抵抗，英印第17师甚至在12日凌晨发动了一次成功的逆袭，包围并击溃了日军原田部队两个大队。但是由于整个英军的消极战略,英军在日军的穿插和侧击下溃不成军,只得仰仗远胜于日军的机动能力,"悠然北撤"。

4月17日,日军作间部队(主力为步兵214联队,山炮兵第3大队)兵分两路,突袭至仁安羌,切断了南北公路和宾河北渡口,堵死了向北撤退中的英缅第1师和第7装甲旅1营的退路,并利用仁安羌附近之有利地形构筑工事。

英军空有火力和人员优势,却不敢北夺宾河大桥,反而退入仁安羌固守,向中国军队求援。远征军司令罗卓英架不住史迪威的威胁,让防护后路的新38师星夜驰援。

此前的4月16日,新38师113团在副师长齐学启率领下到达宾河北岸仁安羌北部,准备增援。17日凌晨,112团也续派开拔。113团刘放吾团长16日下午4时率部赶到乔克柏当。

英缅甸军司令史莱姆将军17日会晤孙立人,商定113团乘汽车至平墙河地区会同安提司准将的战车,攻击并消灭平墙河北岸约两英里公路两侧之敌。

17日黄昏时分,刘团长指挥113团将日军外围部队(高延大队)击溃抵近平墙河北岸,高延大队不支,留下第9中队防守平墙河北岸渡口,奉作间命令将主力撤入平墙河南岸入列归日军第3山炮大队长中井正指挥固守仁安羌镇区。

18日拂晓,113团在英军轻战车和火炮配合下,强攻宾河北岸日军,占领渡口及桥头,但被南岸日军所阻。

与此同时,撤退下来的英印第13旅在市区东北角尝

试突围，但因为地形限制无法展开兵力，加之连日行军人马极度困乏，部队缺水，弹药也快消耗殆尽，在日军强力阻击下不得不放弃突围被阻截在油田区。

18日黄昏，日军一个大队的援兵由工兵联队从马圭沿伊江由水路输送北上，赶到了仁安羌增援作间部队，至此日军214联队三个步兵大队齐聚仁安羌，围困英军兵力得到增强。

18日夜，新38师113团从右翼涉水南渡展开。19日拂晓，在英军炮火的全力配合下，113团3营奋勇冲杀。113团第一、二营攻下白塔山日军炮兵阵地，进而全团三营兵力进攻501高地。

期间501高地三失三得，三营营长张琦在战斗中不幸牺牲。至下午2时攻占501高地，击溃日军整编第214联队。随后1营和2营与英军战车协同，肃清仁安羌市内日军。5时许，日军被迫撤退到南部5千米外。至此，仁安羌之围告解。

这次作战，新38师113团以800多人击败日军4300余人，解除了7000英军之围，并救出被日军俘虏的英军官兵、传教士和新闻记者500余人，立刻成为英美新闻报道的焦点。史迪威大感满意，而将新38师留在依洛瓦底江沿岸的西线。

当时由于这一战绩替远征军在盟军中捞足了面子，蒋中正颁发四等云麾勋章表彰孙立人的战绩。美国罗斯福总统亦授予他"丰功"勋章，英王乔治六世则授予他不列颠帝国司令勋章（1年后颁发）。

而罗卓英为了填补新38师西移而产生的空位，下令第66军调遣新28师从腊戍到曼德勒接防，这就造成远征军作战主力西调，与东部战线空虚的危机。

东部战线是远征军与中国云南连接的生命线，日军发现远征军这个致命的战略缺口，第56师团乘虚深远迂回突袭腊戍，孙立人所属的66军另外两个师战力不佳，全军溃败，使远征军陷入绝境，当然这是后话了。

仁安羌战后，英国方面决定弃守缅甸，撤往印度，让新38师掩护英联军撤退。4月下旬，英军撤过曼德勒后继续向西逃往印度。中国远征军第一路军副司令官杜聿明因对英国人的欺骗和不忠感到不满，拒绝了时任中国战区参谋长史迪威要他撤往印度的指示，而执行了蒋介石令他北上撤回云南的命令。

孙立人则认为野人山不可行，当机立断撤率新38师向西撤往印度。由于日军被杜聿明率领北上的大部队所吸引，新38师在撤退途中比较顺利地打垮日军的阻击，撤至印度后还剩3000余人，保持了近半兵力。而杜聿明所率的第5军因遭到日军阻击和追击，丧失了穿越野人山的最好时机，半数葬送在野人山中，孙将军得知后立刻派遣新38师搜寻并救出部分友军转而撤往印度。

5月底，孙立人率新38师到达印度边境。英驻印边防军要求中国军队解除

武装，以难民身份进入印度，孙立人拒绝解除武装。恰巧，为新38师在仁安羌解救过的英联军第一师师长正于当地医院疗伤，闻知孙立人部的情况后，即前往调解。第二天，新38师开进印度，英军仪仗队列队奏乐，鸣炮十响以表欢迎。

1942年8月，先后到达印度的中国远征军新38师和新22师进驻印度蓝姆珈训练基地，番号改为中国驻印军，开始装备美械和训练。

10月，中国驻印部队改编成新一军，郑洞国任军长，下辖孙立人新38师和廖耀湘新22师。史迪威曾一度想解除所有团以上中国军官的指挥权而代以美国军官，遭到全体中国军官的一致反对，史迪威于是改成在团一级设立美国顾问，实行双重领导。1943年10月，中国驻印军开始向缅北大举反攻。

第二次缅甸战役开始，孙立人指挥新38师进攻胡康河谷日军18师团。第18师团1943年8月改编为3单位师团后，每个步兵大队从4个步兵中队缩减为3个步兵中队，骑兵大队被解散，野战医院和山炮联队的汽车被撤销，辎重兵联队也失去1个汽车中队，导致运送物资十分不便，弹药保障不足，每支步枪仅配备子弹150发，每门火炮配备炮弹100—120发。但增编了1个野炮大队，全师团总兵力1.5万人。

日军兵力高度分散，在胡康河谷仅3个步兵大队，4000多人。另4个步兵大队在怒江作战后返回密支那途中，其余分散在密支那、八莫、杰沙等

地。第18师团素称精锐，转战中国多年一向看不起中国军队，但此次与驻印军作战却接连受挫。

新38师10月29日占领新平洋，12月29日攻占于邦，此次作战系驻印军第一次与日军王牌部队作战获胜，称为于邦大

捷,史迪威也到一线督战,据战场检验尸体共有184名,未有俘房。

这是美国军工生产和中国士兵勇敢结合的奇迹。据日军战史记载:"师团长接到两军交锋报告后,判断这支敌军只是为了掩护中美军主力越境派出来的一支先遣部队,首先命令富昆南部地区的第56联队急速前进,企图将其各个击破。

及至该联队到达战场交战后才搞清楚,敌军原来是中国军第38师(孙立人师)一支劲旅,和第18师团过去在中国内地上接触过的中国军队,在素质上完全不同,因而大吃一惊。

过去,日军以一个营消灭中国军一个师乃是家常便饭。尤其是这个在九州编成的师团,在中国战场上久经战斗,纵横驰骋,同中国军交战最有自信。然而,此次在富昆的中国军,无论是编制、装备,还是战术、训练,都完全改变了面貌。

尽管第56联队奋勇猛攻,敌军圆形阵地在炽密的火力网和空军的支援下不仅毫不动摇,而我军的损失却不断增加。敌军虽已遭到了将近900名的损失,却仍顽强抵抗,坚守密林阵地,毫不退让。于是立即向上级报告了这个情况,使全军不禁为之愕然。

1944年2月1日攻克太白加,3月4日与廖耀湘新22师两路夹击攻克孟关。3月9日,新38师113团与美军突击队联手攻占瓦鲁班。日军号称"丛林作战之王"的第18师团死伤惨重,狼狈逃出胡康河谷。驻印军攻占胡康河谷后,3月14日乘胜向孟拱河谷进攻。

新38师113团从左翼翻山越岭迂回到坚布山后方,和新22师两面夹击,29日攻

占坚布山天险，叩开了孟拱河谷的大门。4月24日，按史迪威的计划，新38师和新22师分别向孟拱和加迈攻击前进。

5月下旬，孙立人将军从缴获的日军信件中获知：由于日军第18师团主力在索卡道被新22师包围，加迈城内兵力极为空虚，师团长田中新一坐守空城，惊恐万状。孙立人见机而行，不拘泥于原定计划，以112团秘密渡过南高江，向加迈南面的西通迂回，切断加迈日军的后路；以113团向西进取加迈；以114团向南对孟拱实施大纵深穿插。

6月16日，113团与新22师会师加迈，1944年7月日第18师团被迫放弃加迈，已处于"最后死斗阶段"，师团长田中新一中将写下遗书，作最后死斗，但3天后侥幸全部撤出。

驻印军胡康河谷之战，宣布毙伤日军2.3万人，自身伤亡1.1万人。另外，日军第53师团在奉命救援第18师团时，在孟拱地区与新一军交战一个多月（6月初到7月初），直到18师团残部撤退完毕后该师团才撤离阵地。

据日军记载，在胡康战役中，第53师团冈田联队蒙受极大损失，"前进到东邦卡附近的第1大队，几乎全军覆没；在孟拱附近的联队主力，约1400人中，损失约500人"。可见在胡康战役中，新一军除重创第18师团外，还击毙日军第53师团近1000人。

8月3日，中美联军克复密支那。至此，反攻缅北的第一期战斗结束。中国驻印军基本歼灭日军第18师团（因为在日后的英日缅甸敏铁拉会战中，18师团虽还有7000战斗兵员、作为军主力骨干兵团使用，但已是经过重建和补充，故此处用基本歼灭而不是重创），一雪两年前退兵缅甸的耻辱。

史迪威称此战为"中国历史上对第一流敌人的第一次持久进攻战"。中国驻印军攻克密支那后,部队进行休整扩编,由新一军扩编成两个军,即新一军和新六军。孙立人任新一军中将军长,下辖新38师和新30师(后廖耀湘新六军回国增援国内抗战,其50师编入新一军)。

抗战时期,美国所派来的史迪威上将因与蒋介石不和而后被美国召回。孙立人由于其美国背景,十分同情史迪威,史解职回美国后,孙立人曾以中国军官的名义发动上书罗斯福总统,要求让史迪威重返中国,这些都是逾越名分、干犯大忌的行径。

1944年10月,反攻缅北的第二期战斗开始。中国驻印军由密支那、孟拱分两路继续向南进攻。孙立人率新一军为东路,沿密支那至八莫的公路向南进攻,连续攻取缅甸八莫、中国南坎。

1945年1月27日,新一军与滇西中国远征军联合攻克中国境内的芒友,打通了滇缅公路,与滇西远征军举行芒友会师,作为在越南河内(时称东京)会师的前哨。

随后,孙立人指挥新一军各师团继续猛进,3月8日攻占腊戌,3月23日

占领南图,24日占领细胞,27日攻克猛岩,消灭中缅印边界所有的日军主力部队,胜利结束第二次中缅印战役。

孙立人将军指挥新38师,在远征缅甸,协同盟军抗击日本的战斗中,屡克强敌,战功卓著,其运用的战术、显示的战力为国内外各方充分肯定,有"东方隆美尔"之誉。而被打败的日军在缅甸战后史料上,尊称他为"中国军神"。

1945年5月,孙立人率新一军返抵广西南宁,准备反攻广州。同月,应欧洲盟军最高司令艾森豪威尔之邀,孙立人赴欧考察欧洲战场,是中国唯一被邀请的高级军官。

8月15日,侵华日军投降。9月7日,新一军进入广州,接受日军第二十三军投降,并建造新一军印缅抗日阵亡将士公墓。嗣后,新一军进行了休整和扩充,成为国军五大主力之一,号称"蓝鹰部队"、"天下第一军"。

1946年1月,孙立人被派往美国参加联合国参谋总长会议,1946年3月下旬,新一军乘美舰在秦皇岛登陆,由于东北战事受阻,蒋介石急电孙立人返国指挥新一军。

5月15日,孙立人在四平被攻陷前夕从郑洞国手中接过新一军的指挥权。

1947年,林彪为打破杜聿明的先南后北的作战方针,先后发动了三下江南、四保临江作战,以优势兵力蚂蚁啃骨头,以多击少,1947年1月5日,孙部新38师1个营被解放军第3师包围,孙立人命113团主力解围,结果在其塔木被全歼,113团团长赵狄被击毙。

新50师150团从德惠出援也被击溃,这是孙立人第一次见识解放军围点打援的威力。2月21日,四野1纵、2纵、6纵和一些独立师共12个师,突然二下江南,歼灭城子街新一军新38师89团,占领九台和农安,在城子街战斗中,解放军的大炮开始向城子街守敌猛轰,把小小城子街炸得浓烟四起,瓦砾横飞,孙部没想到解放军有如此强大的火力,军心涣散,最终失守。

杜聿明屡次发电向蒋介石批评孙立人,指责其作战不力,骄横跋扈。蒋介石鉴于孙立人和杜聿明不合,而且在东北将领中比较孤立,不可能取代杜聿明统领各军，于是明升暗降其升为东北保安司令部副司令长官虚职，解除兵权，其新一军军长之职由坚守德惠成名，黄埔出身的新第50师师长潘裕昆接任。

同年8月，蒋介石将孙立人调离东北，出任陆军副总司令兼陆军训练部司令，在南京成立陆军训练司令部。

1955年6月，台湾当局以孙立人将军与其部属少校郭廷亮预谋发动兵变为由，对孙实施看管侦讯。

1955年8月20日，孙立人"兵变"事件公开化。当天政府以"纵容"部属武装叛乱，"密谋犯上"等罪名，革除孙立人总统府参军长职务。事后，组成了以陈诚为主任的9人调查委员会，查处此事。

孙立人被判处"长期拘禁"在台中市向上路寓所，直到1988年1月13日将经国过世后，才被解除。

自孙立人被拘禁后，其亲信部属——被调离军职查办，前后有300多人因与本案有牵连而被捕入狱，包括当时担任英文秘书的黄正以及担任女青年工作大队中校组长的姊姊黄珏等人。

孙立人于1990年11月19日病逝于台中寓所，享年89岁。

第三章　航天之母

　　20 世纪初期，普渡大学开始在学术、教学及设备三方面快速扩张，并逐渐成为全美知名的大学。普渡大学向来以工科见长，被称为"美国航空航天之母"，教师和学生中有很多人获得过诺贝尔物理学奖、化学奖和经济学奖。

第一课　美国航空航天之母

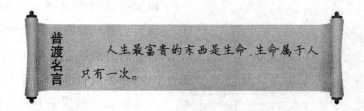

普渡名言

人生最富贵的东西是生命，生命属于人只有一次。

　　普渡大学向来以理、工、农见长，被称为"美国航空航天之母"和"旅游界的哈佛"，教师和学生中有多人获得诺贝尔物理学奖、化学奖和经济学奖。

　　普渡大学也是美国国际学生最多的大学之一。2000年，普渡大学招

收国际学生2892名，占该校学生总人数的8.2%。根据国际教育研究院统计，普渡大学为国际学生最多的公立大学，并在全美所有大学中排名第4位。

普渡大学向来以理、工、农见长，但近年来也在其他领域积极发展，2006年在《美国新闻与世界报道》全美大学排行榜上，普渡大学工学院名列第6位。

普渡大学的其余5个分校区在管理和学位授予上均有所不同。其中韦恩堡分校和印第安纳波利斯分校为印第安纳大学与普渡大学合办。

韦恩堡分校由普渡大学管理，颁发印第安纳大学或普渡大学的证书。印第安纳波利斯分校，由印第安纳大学管理，颁发普渡工程技术学院、理学院、旅游学院、会议和事件管理学院的学位。盖莱默分校有4个学院，在校学生达9103名。

普渡大学中北分校有11个学院和3493名在校生。位于德国汉诺威的德国国际行政管理研究生院是普渡大学在美国境外开设的，可授予该校克兰纳特管理学院的MBA学位。

该校的目标是为职业经理人提供决策技巧，覆盖信息技术、金融、会计、市场营销、战略管理、制造、定量方法、经济分析和组织行为等方面，其特点是注重实践学习。

据纽约《每日新闻报》报道：现年57岁的苏伦伯格不经意间，成了全世界都知道的一位英雄，一位奇迹的创造者。

2009年1月15日有40年飞行经验的苏伦伯格驾驶美国航空编号1549

号的空中巴士320双引擎客机,搭载150位乘客和5位机组员,当地时间15日下午由纽约拉瓜迪亚机场起飞之后片刻,便因为鸟被吸入两个引擎,同时失去功能,导致飞机很快失去平衡。

当时处在900米的高度让他别无选择,只有迫降哈德逊河这唯一选择。这一切都不允许他思考太多,依靠高超的技术,他不但成功把握住这个一生只有一次的机会,安全迫降河面,并来回巡视客舱两次,确定所有乘客与机组员都平安撤离后,才在机舱不断进水的情况下最后离开。

本身具有飞行员资格的纽约市长彭博高度评价苏伦伯格的表现说,真是很出色!

一位在现场协助的警官说,"这位机长真了不起,事情忙完后,他戴着帽子坐在码头大厅喝咖啡,好像没事的人一样。"

这位头发微秃、身材瘦小、上唇一抹短髭的机长,从逐渐下沉的1549班机机身中出现时,却成为巨大的"超人"。

苏伦伯格在加州丹维尔的邻居夫妇约翰与珍·贾西亚告诉纽约《每日新闻报》,他们对老苏的表现并不意外。"如果你们认识老苏,你们就会了

解,"约翰说。珍也表同感:"这一点也不意外。他很了不起。"

苏伦伯格不喜欢被称为英雄,他是个谦虚的人,他不会轻易接受英雄这个称呼。

第一批赶到现场的救援人员之一说,现场一片混乱,只有苏伦伯格显得泰然自若。

在与死亡零距离接触后,苏伦伯格打电话给太太罗瑞时也很平静。

罗瑞在接受CNN采访时说:"先生打电话给我说发生了意外,起初我以为是小事。然后他告诉我情况时,我全身发抖,冲到学校把女儿接回家。"

苏伦伯格29年前进入美国航空公司。他毕业于美国空军官校,在军中服役6年,主要担任战斗机驾驶员,之后分别在普渡大学和北科罗拉多大学获得产业心理学和公共行政两个硕士学位,同时也是柏克莱加州大学的访问学者。

他在美国航空公司期间除飞航国内、外航线外,还经常为同业举办飞行安全演说,与航空与太空总署(NASA)的科学家合作发表飞行安全相关文章,也曾与美国空军与全国交通安全委员会进行事故调查。

普渡大学是全世界知名学府，尤其以工科一流著称，有"美国航空航天之母"称号，诞生了全美大学中最多的22个宇航员，包括第一个登上月球的阿姆斯特朗以及最后一个离开月亮的宇航员。

普渡大学同时又是全美国第一个拥有飞机场的大学，每天都有学航空航天的学生开着小飞机在学校上空翱翔。

普渡大学的工业工程系IE也是世界顶尖水平，培养的学生对于如何处理突发事情也有独特之处，这位英雄飞行员就是研究生毕业于普渡大学IE系的产业心理学专业。

普渡大学小百科

普渡大学校徽：1969年校庆时，普度校方通过将鹰头狮身（Griffin）的校徽认定为正式校徽。该标志由普度大学教授Al Gowan，取代了另一个使用长达70年的非官方认可校徽，鹰头狮身下的三面盾牌分别代表普度校训中的三个目标：教育、研究、服务。除了此一校徽之外，常见于普度网站及文件的标志还有Boilermaker的蒸气火车头、普度球队吉祥物的Purdue Pete以及学位证书上的普度大学董事会标志。

第二课 美国工科大学的翘楚

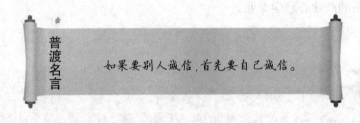

中国人对普渡大学并不陌生。它是中国"两弹元勋"邓稼先的美国母校。当年，年轻的邓稼先选择到印第安纳州普渡大学学习，除了因为该校理工科水平高，该校收费低廉也是一个重要因素。

普渡大学是一所历史悠久的研究性公立大学，有政府特准的土地、海洋和空间使用权，历来以优良的教学质量和适中的收费标准闻名世界。该校于1869年由约翰·普渡捐资、印第安纳州划拨土地建造，现有6个校区、2261名教师和67548名学生。

2002年《美国新闻与世界报道》全美大学排行榜上，普渡大学在公立大学中名列第21位。普渡大学有"旅游界的哈佛"和"美国航空航天之母"的美誉。

提起普渡大学，人们首先会想到的是它雄厚的工科

实力。自1878年开始授予工科学位以来,普渡大学保持在授予工科本科学位人数最多的5所大学之列,而且是授予女性科学位人数最多的大学。在美国每50名工程师中就有一名毕业于普渡大学。

其工学院开设专业覆盖航空航天、农业、生物、生物医学、化学、土木、建筑、电子、计算机、工业、材料、机械、原子、勘察和一些交叉学科。在2001年研究生学院排名中,《美国新闻与世界报道》将其工学院按就业情况排在第3位,按综合实力排在第13位。

其中工业工程学院、土木工程学院、航空航天工程学院、机械工程学院和电子与计算机工程学院都排在前10位,农业与生物工程系排在第2位。在2001年本科学院排名中,《美国新闻与世界报道》将其工学院按综合实力排在第9位(公立大学中第5位)。

其中工业工程学院、航空航天学院、土木工程学院、机械工程学院、原子工程学院和电子与计算机学院都排在前10位,化学工程学院、材料工程学院和环境工程学院排在前20位。普渡大学毕业的工科学生深受雇主欢迎,例如在通用汽车公司,普渡大学毕业的雇员人数多于其他任意一所美国大学毕业的雇员人数。

普渡大学的管理专业也在全世界享有很高的声誉。普渡大学管理学

院于1958年由工业管理与交通系和经济学系合并而成。本科开设工业管理专业、会计专业、管理专业和经济专业。其中工业管理专业比较独特，含管理、应用科学、数学、经济。

　　硕士研究生课程包括工业管理硕士专业(11个月)、工商管理硕士专业(2年)、人力资源管理专业(2年)和高级管理硕士专业(2年)。博士研究生专业包括经济学,管理和组织行为/人力资源管理。在2001年研究生学院排名中,《美国新闻与世界报道》将其克兰纳特管理研究生院按综合实力排在第23位。其中生产/运作管理和定量分析排在前10位。

第三课　留学普渡大学

普渡名言

习惯开始是吐丝，随后不久就结成大网。

普渡大学学科设置丰富、宽阔，师资力量雄厚，校园环境优美，教学条件世界一流。我国著名航天领域的先驱——邓稼先早年毕业于该校。普渡大学的优势领域包括航天、工程、管理、经济、护理和教育等专业。目前在普渡大学全校的近7万名在校生中，有1700余名中国留学生，大部分是硕士和博士研究生，他们的优异表现赢得了全校师生的赞扬和认可。

2008年3月30日，即将担任美国普渡大学常务副校长的普渡大学农学院院长兰迪伍德森博士应邀率团来西北农林科技大学访问，孙武学校长会见了Randy Woodson博士一行。经过商讨，双方相互确定为战略合作伙伴，并同意在多个方面开展合作，在所达成的多个合作意向中，有一项很特别，那就是普渡大学非常乐意接受西北农林科技大学优秀的本科生，实施"2+2"联合培养项目。

培养高素质人才、建设高水平研究型大学是西北农林科技大学始终追求的目标。近年来，西北农林科技大学高度重视并大力支持与国外知名大学联合培养本科生的工作。学校有计划开展了国外知名大学的考察工作，加大对外宣传力度，协商和落实有关合作事宜。

2008年2月，孙武学校长率团访问了澳大利亚和新西兰，与澳大利亚八大名校中的悉尼大学、阿德莱德大学、西澳大学和昆士兰大学等4所大学的校长和有关学院院长进行了交流，就接受西北农林科技大学攻读博士学位研究生、青年教师进修、科研合作和本科生"2+2"联合培养项目等达成了共识，签订了合作协议。

同时，学校也有计划地邀请国外知名大学校长来校访问交流。为了做好与国外知名大学的联络工作，西北农林科技大学国际合作与交流处实行了项目主管制度，将项目大学落实到处内每一个工作人员，做到了一对一联系，一对一落实。

孙武学校长强调，要加强本科生，特别是一、二年级本科生的基础教育，积极探索和宣传"2+2"联合培养模式，随着西北农林科技大学学生外语水平的提高，鼓励更多有条件的学生选择"2+2"模式，走出国门，开阔视野，接受国际化教育。

西北农林科技大学和普渡大学有着良好的合作基础，2006年10月，赵忠副校长曾率团访问过普渡大学，并代表西北农林科技大学与美国普渡大学农学院签署了合作意向书。普渡大学有多名教授来西北农林科技大学进行学术交流访问。

西北农林科技大学先后有15名教师赴普渡大学进修学习。2007年，西北农林科技大学资环学院1名本科生获得全额奖学金，赴该校留学。

在普渡大学访问团当天下午为西北农林科技大学师生所作的留学普渡专题报告会上，有100多名学生和教师前来参加。不少学生在报告会上现场咨询,对留学普渡大学表现出了浓厚的兴趣。

普渡大学是一所诸多专业领域在全美很有影响、排名比较靠前的名校,其机械工程(航空航天)、管理、家庭科学、教育及农业科学尤其著名。《美国新闻与世界报道》评其为二级国家级大学,学术声誉居全美排第31名,比不少一级大学还高。2007年,在英国《泰晤士报》所公布的最新世界大学排名中,普渡大学位列77名。

有人说,全美每17名工程师中,就有一人是普渡大学毕业生。修读航天工程的学生,可以在大学自设的机场实习。普渡大学被称做"太空人的摇篮",航空系毕业生中共有22人成为美国宇航员。

世界上第一个登上月球的人尼尔·阿姆斯特朗就是该校航空系毕业生。该校曾诞生世界第一辆蒸汽机车及一名诺贝尔化学奖获得者。我国著名核物理学家邓稼先是该校1950年物理学博士。

该校农学院也是全美最好的农学院之一,目前有2500名学生,其科研与技术推广工作非常出色。学院学科齐全,设置有14个系,包括农业和生物工程、农业经济、农学、动物科学、生物化学、植物和植物病理学、昆虫学、食品学、林学和自然环境、环境和景观工程、农业教育等,有60多个本科专业,3个职前教育专业,6个副学位专业和19个辅修专业,有28个研究中心、重点

实验室或研究机构。

普渡大学农学国际项目副主任K.G. Raghothama博士在向西北农林科技大学师生所做的留学普渡大学专题报告会上，介绍了该校本科生和研究生不同的留学申请程序和要求。

一、本科生

(一)需要资料

1.高中学校的原始成绩单等；

2.30美元的报名费：

3.高中毕业的证明材料：

4.以下英语成绩之一：

(1)托福最低分550/213/79；

(2)雅思最低分6.5。

(二)申请期限

春季学期(1月开学)：10月1日前；

夏季学期(6月开学)：3月1日前；

秋季学期(8月开学)：尽管官方截止时间是3月8日，但留学生最好在1月15日之前申请。

（三）申请接收流程

1.申请者用快递发送申请材料

2.普渡大学接受材料

3.申请材料到留学服务部

4.Ms.Lee建立材料数据库

5.材料送至学术顾问Ms. Moureen Delp，

6.Ms.Delp评审材料并与相关学院协商决定

（四）学费：21 266美元

二、普渡大学农学院生物工程研究生项目

1.招生人数：共招生80人

2.平均分：3.40（理学硕士）和3.73（博士）

3.平均GRE成绩：525V，729Q，632/5.0A

4.超过95%的研究生将会获得不同形式的资助

5.申请流程：

（1）在线申请；

（2）个人陈述；

（3）3封推荐信；

（4）个人简历；

（5）TOEFL和GRE成绩。

本科生联合培养模式的实践"2+2"等中外联合培养模式是国内不少高校积极探索并实践的本科教育人才培养渠道和方式。中国农业大学与美国普渡大学、康奈尔大学等著名高等学府成功地开展了"2+2"和"3+2"等模式的本科生联合培养项目，在

2004—2006年的3年时间里,有31名本科生赴国外合作院校留学深造。目前,该校又实行了"1+x"联合培养模式,据该校有关负责人介绍,2008年该校将有30余名学生以"1+x"、"2+2"等模式赴国外留学。

目前,国内部分"985"工程建设高校探索并实践的本科生联合培养(国内称之为联合培养,国外称之为转留学生制度)基本模式是:

一、本科生"2+2"联合培养项目

2年(国内)+2年(国外)=双方同时授予学士学位

学生将在国内大学学习2年,在海外合作院校学习2年或1.5年,双方互认学分。学生修满所要求的学分成绩合格后,由中外方分别授予相关专业的学士学位。

二、本科硕士"3+2"联合培养项目

3年(国内)+2年(国外)=国内大学的学士学位/国外合作院校的硕士学位

学生将在国内大学学习3年,在海外合作院校学习2年(四年级和一年硕士),双方互认学分。学生修满所要求的学分成绩合格后,由国内大学授予学士学位,国外合作大学授予硕士学位。

参加"2+2"联合培养项目学生,可在大学二年级(12月份或4月份)申请。二年级结束后,进入对方学校完成后两年的学习。获得对方学校学位证书者,可申请国内大学原专业的学历证书。参加"3+2"项目的学生,三年级结束后,进入对方学校完成两年的学习。获得对方学校硕士学位证书者,可申请国内大学原专业的本科学历证书。

基本选派条件:

一、相关专业的本科学生,品学兼优;且没有不及格课程,未受过任何纪律处分;

二、具有较高英语水平,特别是听说能力较强;

三、符合对方院校的要求(英语成绩、学费等)。

西北农林科技大学有关部门负责人表示,通过与普渡大学等世界名校的合作,借鉴其他高校经验,结合西北农林科技大学实际,将积极探索并开创具有西北农林科技大学特色的本科生联合培养之路,为造就高素质复合型国际化人才,建设高水平研究型大学而努力。

普渡大学小百科

普渡大学在 1874 年 9 月 16 日正式开始授课,初期的普渡大学只有 3 栋建筑物、6 位教师及 39 个学生,并在 1875 年正式颁发第一个学位。同年,普渡大学招收第一个女性学生。1883 年时,普度大学学生人数增加至 350 人。在 20 世纪初期,普渡大学开始在学术、教学及设备三方面快速扩张,并逐渐成为全美知名的大学。

普渡大学场是全美第一所大学所拥有的机场,也是爱蜜莉亚·厄尔哈特计划她的全球飞航的机场,普渡大学机场是全印第安纳州第二忙的机场,仅次于印第安纳波利斯国际机场。目前已停止商业运营,留下货物运输与飞行员训练。

第四课　普渡大学名人榜——邓稼先

走近人物

　　邓稼先(1924—1986),中科院院士,著名核物理学家,为中国核武器的研发做出了重要贡献。

　　1924年6月25日出生于安徽省怀宁县一个书香门第的家庭。1999年,中共中央、国务院、中央军委给他追授了"两弹一星"功勋奖章。

　　邓稼先历任中国科学院近代物理研究所助研、副研究员,二机部第九研究所理论部主任、第九研究院副院长、院长,国防科工委科技委副主任,核工业部科技委副主任等职;邓稼先还在中国共产党第十二次全国代表大会上被选为中央委员。

　　邓稼先始终在中国武器制造的第一线,领导了许多学者和技术人员,成功地设计了中国原子弹和氢弹,把中华民族国防自卫武器引导到了世界先进水平。

在原子弹、氢弹研究中,邓稼先领导开展了爆轰物理、流体力学、状态方程、中子输运等基础理论研究,完成了原子弹的理论方案,并参与指导核试验的爆轰模拟试验。原子弹试验成功后,邓稼先又组织力量,探索氢弹设计原理,选定技术途径。领导并亲自参与了中国第一颗氢弹的研制和实验工作。

【邓稼先】

邓稼先(1924—1986),安徽省怀宁县人,中国杰出的科学家、中国"两弹"元勋,先后毕业于西南联合大学和美国普渡大学,获物理学博士学位,1950年回到祖国。他参加组织和领导我国核武器的研究、设计工作,是我国核武器理论研究工作的奠基者之一;从原子弹、氢弹原理的突破和试验成功及其武器化,到新的核武器的重大原理突破和研制试验,均做出了重大贡献。作为主要参加者,其成果曾获国家自然科学奖一等奖和国家科技进步奖特等奖。邓稼先被称为"中国原子弹之父"。

1982年邓稼先获国家自然科学奖一等奖,1985年获两项国家科技进步奖特等奖,1986年获全国劳动模范称号,1987年和1989年各获一项国家科技进步奖特等奖。1999年被追授"两弹一星"功勋奖章。由于他对中国核科学事业做出了伟大贡献,被称为"两弹元勋"。

人物生平

1924年6月25日(农历五月十九日),邓稼先出生于安徽省怀宁县城外的邓家大屋,也叫铁砚山房的祖居内。父亲邓以蛰当时是北京大学教授,母亲王淑蠲女士,操持家务。清代的大书法家邓石如(1743—1805)是邓稼先的六世祖;邓以蛰四个子女,邓稼先排行第三,大姐邓仲先(姐夫:郑华炽,物理学家)、二姐邓茂先、弟邓槜先。

邓稼先出生后不久,全家迁往北平,邓稼先父亲邓以蛰任清华大学及北京大学文学院教授,与杨振宁父亲杨武之是多年之交。两家祖籍都是安徽,在清华园里又成为邻居。邓稼先和杨振宁从小结下了深厚友情,后来,二人先后进了北平崇德中学。

欢乐的少年时光并不长久,邓稼先生活在国难深重的年代,七·七事

变以后，端着长枪和刺刀的日本侵略军进入了北平城。不久北大和清华都撤向南方，校园里空荡荡的。邓稼先的父亲身患肺病，喀血不止，全家滞留下来。七·七事变以后的10个月间，日寇铁蹄踩踏了从北到南的大片国土。亡国恨，民族仇，都结在邓稼先心头。

1941年，邓稼先进入了国立西南联合大学——西南联大成立于抗战极端困难时期，由清华大学、北京大学、南开大学三校合并而成，条件简陋，生活清苦。尽管如此，联大却有非常良好的学术空气，先后培养出了不少优秀人才，邓稼先受业于王竹溪、郑华炽等著名教授，以良好的成绩圆满完成了大学四年的学业。

抗日战争胜利时，他拿到了毕业证书，在昆明参加了中国共产党的外围组织"民青"，投身于争取民主、反对国民党独裁统治的斗争。翌年，他回到北平，受聘担任了北京大学物理系助教，并在学生运动中担任了北京大学教职工联合会主席。

抱着学更多的本领以建设新中国之志，他于1947年通过了赴美研究生考试，于翌年秋进入美国印第安纳州的普渡大学研究生院——由于他学习成绩突出，不足两年便读满学分，并通过博士论文答辩。此时他只有26岁，人称"娃娃博士"。

毅然回国

这位取得学位刚9天的"娃娃博士"毅然放弃了在美国优越的生活和工作条件，回到了一穷二白的祖国，回国后，邓稼先在中国科学院近代物理研究所任助理研究员，1958年8月奉命带领几个大学毕业生从事原子核理论研究。

1958年8月调到新筹建的核武器研究所任理论部主任,负责领导核武器的理论设计,随后任研究所副所长、所长,核工业部第九研究设计院副院长、院长,核工业部科技委副主任,国防科工委科技委副主任。

在北京外事部门的招待会上,有人问他带了什么回来。他说:"带了几双眼下中国还不能生产的尼龙袜子送给父亲,还带了一脑袋关于原子核的知识。"此后的8年间,他进行了中国原子核理论的研究。

1953年,他与许鹿希结婚(许鹿希是五四运动重要学生领袖,是后来担任全国人大常委会副委员长许德珩的长女),1956年,邓稼先加入中国共产党。

奇迹诞生

1958年秋,二机部副部长刘杰找到邓稼先,说"国家要放一个'大炮仗'",征询他是否愿意参加这项必须严格保密的工作。邓稼先义无反顾地同意,回家对妻子只说自己"要调动工作",不能再照顾家和孩子,通信也困难。从小受爱国思想熏陶的妻子明白,丈夫肯定是从事对国家有重大意义的工作,表示坚决支持。从此,邓稼先的名字便在刊物和对外联络中消失,他的身影只出现在严格警卫的深院和大漠戈壁。

邓稼先就任二机部第九研究所理论部主任后,先挑选了一批大学生,准备有关俄文资料和原子弹模型。1959年6月,苏联政府终止了原有协议,中共中央下决心自己动手,研制出原子弹和人造卫星。

邓稼先担任了原子弹的理论设计负责人后,一面部署同事们分头研究计算,自己也带头攻关。在遇到一个苏联专家留下的核爆大气压的数字时,邓稼先在周光召的帮助下以严谨的计算推翻了原有结论,从而解决了关系中国原子弹试验成败的关键性难题。数学家华罗庚后来称,这是"集世界数学难题之大成"的成果。

中国研制原子弹正值三年困难时期,尖端领域的科研人员虽有较高的粮食定量,却因缺乏油水,仍经常饥肠响如鼓。邓稼先从岳父那里能多少得到一点粮票的支援,却都用来买饼干之类,在工作紧张时与同事们

分享。

邓稼先不仅在秘密科研院所里费尽心血,还经常到飞沙走石的戈壁试验场。他冒着酷暑严寒,在试验场度过了整整8年的单身汉生活,有15次在现场领导核试验,从而掌握了大量的第一手材料。

1964年10月,中国成功爆炸的第一颗原子弹,就是由他最后签字确定了设计方案。他还率领研究人员在试验后迅速进入爆炸现场采样,以证实效果。他又同于敏等人投入对氢弹的研究。按照"邓—于方案",最后终于制成了氢弹,并于原子弹爆炸后的两年零八个月试验成功。这同法国用8年、美国用7年、苏联用10年的时间相比,创造了世界上最快的速度。

鞠躬尽瘁

1972年任核工业部第九研究院副院长,1979年又任院长。

1984年,他在大漠深处指挥中国第二代新式核武器试验成功;翌年,他的癌细胞扩散已无法挽救,他在国庆节提出的要求就是去看看天安门。1986年7月16日,国务院授予他全国"五一"劳动奖章;同年7月29日,邓稼先同志离开人世。他,是个把一生献给祖国的人。

他临终前留下的话仍是如何在尖端武器方面努力,并叮咛:"不要让人家把我们落得太远……"

对邓稼先的评价

邓稼先是中国核武器研制与发展的主要组织者、领导者,被称为"两弹元勋"。邓稼先同志在原子弹、氢弹研究中,领导开展了爆轰物理、流体力学、状态方程、中子输运等基础理论研究,完成了原子弹的理论方案,并参与指导核试验的爆轰模拟试验。原子弹试验成功后,邓稼先又组织力量,探索氢弹设计原理,选定技术途径。领导并亲自参与了1967年中国第一颗氢弹的研制和实验工作。

邓稼先和周光召合写的《我国第一颗原子弹理论研究总结》,是一部核武器理论设计开创性的基础巨著,它总结了百位科学家的研究成果,这部著作不仅对以后的理论设计起到指导作用,而且还是培养科研人员入门的教科书。邓稼先对高温高压状态方程的研究也做出了重要贡献。为了培养年轻的科研人员,他还写了电动力学、等离子体物理、球面聚心爆轰波理论等许多讲义,即使在担任院长重任以后,他还在工作之余着手编写"量子场论"和"群论"。

邓稼先是中国知识分子的优秀代表,为了祖国的强盛,为了国防科研事业的发展,他甘当无名英雄,默默无闻地奋斗了数十年。他常常在关键时刻,不顾个人安危,出现在最危险的岗位上,充分体现了他崇高无私的奉献精神。他在中国核武器的研制方面做出了卓越的贡献,却鲜为人知,直到他逝世后,人们才知道了他的事迹。他是最具有农民朴实气质的科学家。

他主要从事核物理、理论物理、中子物理、等离子体物理、统计物理和流体力学等方面的研究并取得突出成就。他自1958年开始组织领导开展爆轰物理、流体力学、状态方程、中子输运等基础理论研究,对原子弹的物理过程进行大量模拟计算和分析,从而迈开了中国独立研究设计核武器的第一步,领导完成了中国第一颗原子弹的理论方案,并参与指导核试验前的爆轰模拟试验。原子

弹试验成功后,立即组织力量探索氢弹设计原理、选定技术途径,组织领导并亲自参与1967年中国第一颗氢弹的研制和试验工作。

1986年7月29日,邓稼先因全身大出血去世。

稼先逝世,我极悲痛!——邓稼先的岳父、全国政协副主席、90高龄的许德珩老人也在他送的大幅挽幛上悼念邓稼先;在地球的另一面,远隔万里重洋的昔日好友杨振宁教授怀着无限悲痛的心情,也给邓稼先的夫人许鹿希教授发来了唁电。

人物年表

1924年,6月25日(农历五月十九日),邓稼先出生于安徽省怀宁县。

1929年,邓稼先入北平武定侯小学,至三年级。

1932年,邓稼先入北平四存小学四年级,至毕业。

1935年,邓稼先11岁,入北平志成中学,读初中一年级。

1936年,邓稼先12岁,插班考入北平崇德中学初中二年级,读至高一(因抗日战争,崇德中学在1939年停办)。这三年,他在英文、数学、物理方面打下了良好的基础。在崇德中学,与高他两班的杨振宁成为好友。

1937年,邓稼先13岁,抗日战争爆发。北京大学和清华大学搬迁至云南昆明。因父亲患重病,邓稼先一家滞留沦陷后的北京。

1939年,邓稼先15岁,邓稼先再入北平志成中学,读高中二年级。

1940年5月,邓稼先为避迫害,未读完高二,途径上海、香港和越南的海防、老街,到达昆明。在昆明升学补习班学习。9月,入四川江津国立第九中学,读高中三年级至毕业。

1941年,邓稼先17岁,入西南联合大学物理系,学号:A-4795。由北京大学、清华大学、南开大学三校合并而成的西南联大,是抗日战争时期我国的最高学府。邓稼先在此学习四年,终生受益。杨振宁也在联大读物理系及研究生,比他高三班,两人相交甚厚。在西南联大,邓稼先经好友杨德新同学介绍加入了"民青"(共产党的外国组织),积极参加学生运动。

1945年,邓稼先21岁,邓稼先大学毕业,正当抗日战争胜利日本投降之时。9月,在昆明文正中学执教数学。

1946年,邓稼先22岁,在昆明培文中学任数学教员。6月,回到北京,在北京大学物理系任助教。是年,许鹿希考入北京大学,在给一年级物理课助教时,两人初识。

1947年,邓稼先23岁,通过赴美研究生考试。

1948年,邓稼先24岁,在美国普渡大学物理系读研究生。

1950年,邓稼先26岁,8月20日获得该校博士学位。博士论文为《氘核的光致蜕变》(The Photodisintegration of the deuteron)。8月29日,登上"威尔逊总统"号轮船返国。9月,在中国科学院近代物理研究所任助理研究员,从事原子核理论研究工作。

1951年,邓稼先27岁,加入九三学社。

1952年,晋升为近代物理所副研究员。

1953年,邓稼先29岁,与许鹿希结婚(许鹿希是许德珩教授的长女)。

1954年,邓稼先30岁,任中国科学院数理化学部的副学术秘书。是年,女儿典典(邓志典)出生。

1956年,邓稼先31岁,加入中国共产党。儿子平平(邓志平)出生。是

年,与何祚庥、徐建铭、于敏等人合作,在《物理学报》上相继发表了《β衰变的角关联》《辐射损失对加速器中自由振动的影响》《轻原子核的变形》等论文。为我国核理论研究做出了开拓性的工作。

1958年,调到第二机械工业部第九研究院任理论部主任,领导核武器的理论设计。从此,邓稼先隐姓埋名工作28年,直到去世。

1959年,邓稼先根据中央决策"自己动手,从头摸起,准备用8年时间搞出原子弹",选定中子物理、流体力学和高温高压下的物理性质这三个方面作为研制我国第一颗原子弹的主攻方向。选对主攻方向,是邓稼先为我国原子弹理论设计工作做出的最重要贡献。

1962年9月11日,由罗瑞卿审定,二机部向中央打了一个"两年规划"的报告,此报告提出争取在1964年,最迟在1965年上半年爆炸我国的第一颗原子弹。此时,邓稼先和其同事拿出了原子弹理论设计方案,为中国核武器研究奠定了基础。

1963年2月,在华北某地参与并指导了核试验前的轰炸模拟试验。9月,接聂荣臻元帅命令,邓稼先、于敏率领九院理论部研究原子弹的原班人马,承担中国第一颗氢弹的理论设计任务。

1964年,10月16日15时,中国第一颗原子弹爆炸成功。

1967年,6月17日,中国第一颗氢弹爆炸试验成功。

1971年,由于"文化大革命"侵袭九院,许多建立过大功的科学家蒙冤被整,邓稼先和于敏、胡思得等人也被集中到青海基地批斗。

1972年,任核工业部第九研究院副院长。

1979年,任核工业部第九研究院院长。是年,在一次试验中,身体受辐射影响,但仍坚持工作。

1980年,当选为中国科学院院士(原称学部委员)。

1982年,获全国自然科学一等奖。当选为中共第十二届中央委员会委员。

1984年,被评为国家级有突出贡献的专家。是年,地下核试验取得了突破性的进展。邓稼先高兴地写下:"红云冲天照九霄,千钧核力动地摇。二十年来勇攀后,二代轻舟已过桥。"

邓稼先同志1985年61岁因直肠癌于7月30日住院。是年,因"原子弹的突破和武器化"、"氢弹的突破及武器化",两次获得国家科学技术进步特等奖。

1986年4月2日,由邓稼先和于敏署名,包含九院(中国工程物理研究院)多位科学家心血的建议书完成,上交中央。写出上交中央的建议书,使我国核武器发展进入了一个新的阶段。5月,任核工业部科技委副主任,国防科工委科技委副主任。5月,获国家自然科学奖一等奖。7月17日,被国务院授予"全国劳动模范"称号。7月29日,逝世于北京。8月3日,在北京八宝山举行追悼会;国防部部长张爱萍将军亲致悼词;胡耀邦、邓小平等送花圈悼念。

1989年逝世三周年,因"核武器的重大突

破",再获国家科学技术进步特等奖。

1996年7月29日,中国进行最后一次核爆试验,而这一天正是邓稼先逝世十周年的日子,以此来纪念这位为祖国核武器事业做出卓越贡献的先驱。

1999年9月18日,中华人民共和国成立50周年之际,党中央、国务院、中央军委隆重表彰为我国"两弹一星"事业作出突出贡献的23位科技专家,并授予"两弹一星"功勋奖章。授予于敏、王大珩、王希季、朱光亚、孙家栋、任新民、吴自良、陈芳允、陈能宽、杨嘉墀、周光召、钱学森、屠守锷、黄纬禄、程开甲、彭桓武"两弹一星"功勋奖章,追授王淦昌、邓稼先、赵九章、姚桐斌、钱骥、钱三强、郭永怀"两弹一星"功勋奖章(按姓氏笔画排序)。

2008年11月18日当选为中国科学技术协会组织评选的中国十大传播科技优秀人物:袁隆平、钱学森、华罗庚、茅以升、叶至善、邓稼先、钱三强、竺可桢、李四光、王选。

2009年9月14日,邓稼先被评为"100位新中国成立以来感动中国人物"之一。

邓稼先轶事

一次,航投试验时出现降落伞事故,原子弹坠地被摔裂。邓稼先深知危险,却一个人抢上前去把摔破的原子弹碎片拿到手里仔细检验。

身为医学教授的妻子知道他"抱"了摔裂的原子弹,在邓稼先回北京

时强拉他去检查。结果发现在他的小便中带有放射性物质,肝脏破损,骨髓里也侵入了放射物。随后,邓稼先仍坚持回核试验基地。在步履艰难之时,他坚持要自己去装雷管,并首次以院长的权威向周围的人下命令:"你们还

年轻,你们不能去!"

1985年,邓稼先离开罗布泊回到北京,仍想参加会议。医生强迫他住院并通知他已患有癌症。

他无力地倒在病床上,面对自己妻子以及国防部长张爱萍的安慰,平静地说:"我知道这一天会来的,但没想到它来得这样快。"

杨振宁来华探亲返程之前,故意问还不暴露工作性质的邓稼先说:"在美国听人说,中国的原子弹是一个美国人帮助研制的。这是真的吗?"邓稼先请示了周恩来后,写信告诉他:"无论是原子弹,还是氢弹,都是中国人自己研制的。"杨振宁看后激动得流出了泪水。正是由于中国有了这样一批勇于奉献的知识分子,才挺起了坚强的民族脊梁。

为科学救国,不辞劳苦

1948年,邓稼先怀着科学救国的理想,远渡重洋去美国留学,在普渡大学当研究员,仅用一年多的时间就获得了博士学位!有人劝他留在美国,但邓稼先婉言谢绝了。1950年10月,他怀着一颗报效祖国的赤子之心,放弃了优越的工作条件和生活环境,和200多位专家学者一起回到国内。

一到北京,他就同他的老师王淦昌教授、彭桓武教授投入中国近代物理研究所的建设,开设了中国原子核物理理论研究工作的崭新局面。1956年,邓稼先光荣地加入了中国共产党。

当时,中央决定,依靠自己的力量发展原子弹。当邓稼先得知自己将要参加原子弹的设计工作时,心潮起伏,兴奋难眠,这是项多么光荣而又神圣的职业!但同时他又感到任务艰巨,担子十分沉重。

从此,邓稼先怀着以最快速

度把事业搞上去的决心，把全部的心血都倾注到任务中去；首先，他带着一批刚跨出校门的大学生，日夜挑砖拾瓦搞试验场地建设，硬是在乱坟里碾出一条柏油路来，在松树林旁盖起原子弹教学模型厅；在没有资料，缺乏试验条件的情况下，邓稼先挑起了探索原子弹理论的重任。为了当好原子弹设计先行工作的"龙头"，他带领大家刻苦学习理论，靠自己的力量搞尖端科学研究。邓稼先向大家推荐了一揽子的书籍和资料，他认为这些都是探索原子弹理论设计奥秘的向导。

由于都是外文书，并且只有一份，邓稼先只好组织大家阅读，一人念，大家译，连夜印刷。为了解开原子弹的科学之谜，在北京近郊，科学家们决心充分发挥集体的智慧，研制出我国的"争气弹"。

那时，由于条件艰苦，同志们使用算盘进行极为复杂的原子理论计算，为了演算一个数据，一日三班倒。算一次，要一个多月，算9次，要花费一年多时间，又请物理学家从出发概念进行估计，确定正确，常常是工作到天亮。

作为理论部负责人，邓稼先接受研制原子弹任务后和家人合影跟班指导年轻人运算。每当过度疲劳，思维中断时，他都着急地说："唉，一个太阳不够用呀！"

为了让同他一起工作的年轻人也得到休息，得到工作之余的稍许娱乐，他总是抽空与年轻人玩十分钟的木马游戏。有一次，王淦昌教授看见了他们在玩这种游戏，老教授又好气又好笑，斥责说："这是什么玩法，你还做儿戏呀。"

邓稼先笑说："这叫互相跨越！"互相跨越，这是一种多么亲密的同志关系啊！正是靠着这种关系，邓稼先和同事们一起克服了一个个科学难关，使我国的"两弹研制"以惊人速度发展。

一次地下核试验，有一台机器出了故障。有人主张把机器拉上来查看，但这样太危险。为了安全，在寒冷的戈壁滩上，他亲自下井，解决问题后，开庆祝会。

他由于休息不好，只喝了一小杯酒，就倒下了。让人量血压，竟然为0，一直抢救了两天两夜，邓稼先醒了，开口第一句话是："研究报告出来没有？"

1964年10月16日，我国第一颗原子弹横空出世……1967年6月17日，我国第一颗氢弹威震山河……

1986年7月29日，邓稼先因癌症不幸逝世，享年62岁。人民将永远怀念这位被称做"两弹"元勋的这位我国核武器研制工作的开拓者和奠基者。

"比一千颗太阳还亮"

1964年10月，浩瀚的戈壁滩上空升起了一团蘑菇云，中国第一颗原子弹爆炸成功。两年之后，第一颗氢弹又放出炫目的光芒。这曾使全世界为之震惊。人们都知道奥本海默是美国的"原子弹之父"，萨哈罗夫是前苏联的"氢弹之父"，然而，中国的"两弹"元勋是谁？

1986年6月，中国各大报纸均在首要位置介绍这位了不起的科学家：名字鲜为人知功绩举世瞩目"两弹"元勋——邓稼先。

1986年6月，中央军委主席邓小平签署命令，任命邓稼先为国防科工委科技委副主任。

1986年7月，国务院授予邓稼先全国劳动模范称号和奖章。核工业部为表彰邓稼先20多年来为发展我国核武器做出的重大贡献，为使他那不计名利、甘当无名英雄和艰苦奋斗、舍生忘死的革

命精神发扬光大,号召广大科技人员向他学习。

邓稼先可歌可泣的优秀事迹,他那伟大的抱负和精忠报国的感人精神深深震撼着人们的心灵!外国有一本书,名为《比一千颗太阳还亮》。

邓稼先献身的事业,亮过一千颗太阳!他从34岁接到命令研制中国的"大炮仗"以来,告别妻子和两个幼小的儿女,隐姓埋名进入戈壁滩。20多年来,他和他的同事们没有任何人在报刊上占过巴掌大的版面。

他们都把自己的姓名和对祖国、对人民的深爱埋在祖国最荒凉最偏僻的地方。人们常常忘记他们,只有当"大炮仗"的冲击波冲击各国地震监测站,引起世界一次又一次瞩目的时候,人们才想起他们的存在……

1986年7月29日,为中国核武器事业奉献毕生精力的元勋邓稼先病逝于北京。

他的朋友们怀着无比悲痛、崇敬的心情献给他一支挽歌——《怀念邓稼先院长》:天府杨柳塞上烟,问君此去几时还?……实验场上惊雷动,江河源头捷报传。……不知邓老今何在?忠魂长眠长江畔。

崇德中学

北京31中前身,就是历史上的崇德中学,是邓稼先和杨振宁的母校。

邓稼先比杨振宁小两岁。两人中学就是同学,大学又一起住校,关系很亲密。1947年,邓稼先考上了赴美研究生,须由自己联系学校。杨振宁那时在读的芝加哥大学学费较贵,他就帮邓稼先联系了离芝加哥市较近的普渡大学。杨和邓学的都是理论核物理,邓稼先做博士论文时,从两人的讨论中受益很大。所以他们之间的友情自然真挚,推心置腹。

1950年8月29日,邓稼先获得博士后当即回国了。1964年10月16日,中国的第一颗原子弹成功爆炸,美国报纸登出了中国研究人员的名单,尽管是英文译音,但杨振宁一看就认定其中一人是邓稼先。1971年,杨振宁首次回中国时定的一份要见的亲友的名单中,第一个就是邓稼先。

邓稼先与奥本海默

奥本海默和邓稼先分别是美国和中国原子弹设计的领导人,各是两国的功臣,可是他们的性格和为人却截然不同——甚至可以说他们走向了两个相反的极端。

奥本海默是一个拔尖的人物,锋芒毕露。他二十几岁的时候在德国哥

廷根镇做波恩的研究生。波恩在他晚年所写的自传中说研究生奥本海默常常在别人做学术报告时(包括波恩做学术报告时)打断报告，走上讲台拿起粉笔说："这可以用底下的办法做得更好……"。

邓稼先则是一个最不要引人注目的人物。和他谈话几分钟，就看出他是忠厚平实的人。他真诚坦白，从不骄人。他没有小心眼儿，一生喜欢"纯"字所代表的品格。

邓稼先是中国几千年传统文化所孕育出来的有最高奉献精神的儿子。

邓稼先是中国共产党的理想党员。

邓稼先旧居

邓稼先旧居位于四川省梓潼县城南长卿山，山体苍翠秀丽，山脚南红砖墙围起的院落，就是中国工程物理研究院院部当年所在地。香樟和梧桐翁郁掩映中，邓稼先旧居在院子东南头一片平房的最前排，为二室一厅仅有30多平方米的套间。

屋里面保留了当年原貌，非常简朴、宁静，中国原子弹、氢弹研发中多少个智慧之光就在这里闪现，多少个神奇构思就是在这里诞生。

2008年4月，九三学社四川省委将邓稼先的旧居作为"思想建设教育基地"。

邓稼先旧居内陈列有"两弹元勋"邓稼先工作生活了16年的陋室及许多珍贵的历史资料。

邓稼先旧居内简陋无比

令人肃然起敬邓稼先同志生前在这样偏远的山村，在这样简陋的小院工作生活了16年！

他住的几间平房极其简陋：办公室里一张普通的办公桌，一把普通的藤椅，两张单人布沙发，一个小茶几！只有那台手摇式计算机和高大的铁皮柜无声地诉说着昔日主人的不普通！卧室里最惹人注意的是靠墙的一大排书柜，还有一个祖传的铁架床，另有一个平常的衣柜和一个衣桩，衣桩上有邓稼先经常穿的那件深蓝色的外套！

邓氏家族

安徽怀宁邓氏家族：

邓石如（1743—1805），邓稼先六世祖，中国清代书法家、篆刻家。清代书法金石学家和文坛泰斗、经学宿儒，邓派的创始人。

邓传密，书法家。邓稼先五世祖，邓石如之子，毕生极力搜集邓石如遗墨、金石并以唐人双钩之法摹之。晚年主讲于石鼓书院。

邓绳侯，书画家，邓石如重孙，诗文书画皆清回绝俗。曾任安徽都督府教育司司长。著《毛诗讲义》《离骚解诗》等。

邓艺孙，邓稼先的祖父，教育家，曾任安徽教育司长，在安徽学界是颇有名气的人物。

邓以蛰（1892—1973）字叔存，白麟畈（今五横乡白麟村）邓家大屋人，邓稼先之父，是著名书法家邓石如的五世孙，教育家邓艺孙的第三子，现代美学家、美术史家、教育家。

邓季宣，邓稼先四叔，著名教育家。安徽教育界的重要一人，曾任安庆高级工业学校校长、宣城师

范校长;抗战时期,任国立九中总教导主任兼高中第一分校校长,九中代理校长。

邓仲纯,邓稼先二叔,医生,侠肝义胆古道热肠,老舍称之为好友。邓仲纯、邓以蛰与陈独秀系怀宁同乡世交,情同手足,早年一同留学日本。1937年"七七事变"后,陈独秀从南京狱中释放,次年8月初邓仲纯终于在重庆上石板街寻访到陈独秀,遂接陈独秀一家到他所在的江津去居住。邓仲纯在江津开了一家"延年医院",此后邓仲纯便是陈独秀的义务保健医生兼通讯员。直到陈独秀死,都得到邓仲纯、邓季宣兄弟和邓蟾秋、邓燮康叔侄的悉心照顾,丧事也是邓氏叔侄协同民国江津县政府料理。

邓稼先挚友杨振宁

谈到邓稼先,不得不说说他的挚友杨振宁。杨振宁,著名美籍华裔科学家、诺贝尔物理学奖获得者。其于1954年提出的规范场理论,于70年代发展为统合与了解基本粒子强、弱、电磁等三种相互作用力的基础;1957年由于与李政道提出的"弱相互作用中宇称不守恒"观念被实验证明而共同获得诺贝尔物理学奖;此外曾在统计物理、凝聚态物理、量子场论、数学物理等领域做出多项贡献。

研究生涯

1949年,杨振宁进入普林斯顿高等研究院做博士后,开始同李政道合作进行粒子物理的研究工作,其间遇到许多令人迷惑的现象和不能解决的问题。他们大胆怀疑,小心求证,最终推翻了宇称守恒律,使迷惑消失,问题解决。杨振宁在1957年诺贝尔演讲中这样说道:"那时候,物理学家发现他们所处的情况就好像一个人在一间黑屋子里摸索出路一样。他知道在某个方向上,必定有一个能使他脱离困境的门。然而究竟在哪个方向呢?"原来,那个方向就是宇称守恒定律不适用于弱相互作用。

他说:"作为一名中国血统的美国

【走近名人】

杨振宁谨记父亲杨武之的遗训:"有生应记国恩隆"。他在1971年夏,是美国科学家中率先访华的。

科学家,我有责任帮助这两个与我休戚相关的国家建立起一座了解和友谊的桥梁。我也感觉到,在中国科技发展的道途中,我应该贡献一些力量。"

杨振宁是这样说,也是这样做的。他频繁穿梭往来于中美之间,做了许多卓有成效的学术联系工作。他写过这样两句诗:"云水风雷变幻急,物竞天存争朝夕。"

人们赞扬在理论物理前沿度过了半个世纪的诺贝尔奖得奖人杨振宁是一位坚忍不拔、具数学天才的科学家。他致力于揭示自然的对称性,而这些对称性常常是隐藏在杂乱的实验物理结果的后面。

杨振宁长时期在看来是神秘的物理学和数学的十字路口工作。在这个领域内,一组漂亮的方程式可以是灵感的源泉,甚至可以在还没有实验证据以前就洞察物理世界是怎样运转的。这是一个外行很难懂的世界,其中有充满了希腊字母的方程式的黑板,有寻求用数学去解决问题的"品味"和"风格",有寻求用正确语言来描述物理世界的出自内心的灵感。

物理学家戴森在石溪为杨振宁退休所举行的学术讨论会上说:"杨振宁对数学的美妙的品味照耀着他所有的工作。它使他的不是那么重要的工作成为精致的艺术品,使他的深奥的推测成为杰作。"这使得他"对于自然神秘的结构比别人看得更深远一些"。

杨振宁已有华发,可是看起来比他的实际年龄年轻得多。他仍穿梭于纽约和远东之间。他和香港以及北京的大学有密切的联系,并且是设在南朝鲜(今韩国)首尔的一个理论物理中心的主席。

在关于他的生活和时代的一次广泛的谈话中,杨振宁谈到他的物理学生涯,谈到他没有能从事某些领域的研究而感到的遗憾。杨振宁也谈到他在中国童年和他长时间为沟通美国和自己的祖国在科学和文化方面的差异所作的努力。杨振宁谈到他担心中美关系的裂痕会扩大,以及由于新近

【走近名人】

　　1971年中美关系开始解冻,杨振宁自1945年到美国来当研究生以后第一次回到中国内地。他会见了当时的总理周恩来和中国的其他领导人,帮助开展了两国之间的科学合作。

对台湾出生的物理学家李文和间谍活动嫌疑的调查，将为亚洲和亚裔美国科学家带来的困难。

那时候，当他从国外旅行回来后，联邦调查局和中央情报局的人员常常去找他。中央情报局的官员第一次去找杨振宁时杨要让他的秘书记录他们的谈话，以免误解。杨振宁继续保持和中国的密切联系，他说："联邦调查局和中央情报局近来没有再来找我的麻烦。"

杨振宁最关心的是科学而不是政治。他谈到自己的一些经历：一个从中国偏僻地区一个落后的城市来的年轻学生，怎么会有幸参与20世纪一个最主要的思想革命。这场革命是试图用一个统一的方法来了解自然的无穷多样性，从混沌的星球爆炸到电子环绕原子核的颤动。

1956年杨振宁第一次出名。那一年他和李政道共同发表了一篇文章，推翻了物理学的中心信息之一——宇称守恒基本粒子和它们的镜象的表现是完全相同的。因为这个工作，两人获得了1957年的诺贝尔奖。

从长远来看，1954年杨振宁和已故的米尔斯的开拓性的工作却更为重要。那一年，两人都在布洛克海文国立实验室工作。他们提出了一个称

为非阿贝尔规范场的理论结构。以后证明它是以统一的方式描述作用力和基本粒子的关键。布洛克海文的一位理论物理学家马奇努说："当它在1954年写成时，争论极大。一些人认为它和物理世界无关。"当时，杨和米尔斯没有继续发展下去。可是以后证明，这个从微分几何和纤维丛这样的抽象世界中抽提出来的数学，正是为描述像磁、电、强核力，也许还有重大相互作用中，中界作用力的粒子交换所。戴森讲道："我要说，在杨振宁的工作中最最重要的是规范常已经证明这比他和李政道关于宇称的工作要重要得多。"

杨振宁和李政道的关系变得愈来愈紧张，两人在1962年分手。杨振宁拒绝谈论是什么原因使得他们的关系变得紧张的。他说："这是我生命中令我非常失望的一件事情。我要说，这是一个悲剧。"他们两人已经有几十年没有讲话了。

杨振宁扎根于数学，但是他指出，自己一生的工作不是脱离现实世界的形而上学的游戏。40年代后期他刚去芝加哥大学研究院时曾打算成为实验物理学家。可是他很快就了解自己的动手能力很差。实验室的同事们开玩笑道："凡有爆炸的地方，就一定有杨振宁。"

对于物理学家最大的挑战，依然是提出一个统一的理论，它既适用于以重力为主的极大王国，又适用于由量子所主宰的极小王国。物理学家在70年代已经在这方面获得进展。他们提出一个称为标准模型的理论。可是标准模型并没有将重力考虑在内。

弦线理论可能克服这个缺点。这个理论经过修改后要求十或十一维时——空，而不是我们熟悉的四维时空，即时间这一维加上立体几何的三维。弦线理论提出来已经20多年，它在年轻的理论物理学家中很流行。可是杨振宁在晚年时是不同意这个理论的。杨振宁怀疑弦线理论或其派生的理论是否能将所有客观存在的现实都放进一

【走近名人】

曾任布洛克海文国立实验室主任的实验物理学家萨奥斯说："杨振宁是一位极具数学头脑的人，然而由于早年的学历，他对实验细节非常有兴趣。他喜欢和实验学家们交谈，对于优美的实验极为欣赏。"

个简洁的包装中。

杨振宁说："弦线理论并没有得到实验证明。它太不定形,太模糊。"问题部分地在于,为探索弦线的影响,需要极高的能量,更强的粒子加速器。如何写出一个可以工作的理论,并从事十维计算也是一个问题。

杨振宁提出物理学正经历一个过渡期。不断地寻找更快更小的计算机晶片等的应用研究,将会比基础研究对年轻人更有吸引力。他说:"很清楚,在未来的30到50年中,人们将更注意物理学的应用。其理由并不是因为所有的基本问题都已经解决了,而是因为更深入地探索物质的基本结构变得愈来愈贵。"他又说,2005年国会决定中止建造超导超级对撞机是一个信号,高能物理有充裕的经费的时代已经结束了。超导超级对撞机是要在美国得克萨斯州建造的一个基本粒子加速器,它的直径将达54哩。

杨振宁早年处于一个更像是中世纪的而不是现代的社会。他得益于幸运的家庭环境以及和同事与学者们的联系。这些为他进入更广阔的知识和文化世界的旅程铺平了道路。反过来,他正通过不断努力在亚洲建立一流的研究中心为回报。

杨振宁生长在中国中部一个围有城墙的城市——合肥。当时,合肥只是安徽中部的一个小县城(当时安徽省省会是安庆),这个城市的街道是没有路面的,城门很窄,以致30年代第一部汽车开来时无法通过。大部分居民是文盲。由于闭塞,杨振宁直到6岁才第一次看见香蕉。

杨振宁的父亲是当地中学的数学教师。他通过了一次奖学金考试,得以出国,去芝加哥大学读书,回国后在厦门大学教书,以后去了北京清华大学。

【走近名人】

杨振宁预言,计算机工业的实际需求将会推动界于微观和宏观之间的物理学的发展,他承认许多分析家们早已预言,21世纪将是生物学的世纪,就像刚刚过去的20世纪被称为物理学的世纪一样。

杨振宁本人追随他父亲走上了学术道路。他说:"我很幸运,上百万和我同龄的人不是饿死就是面对军阀混战。"他住在北平一个学术性的社区内,沉浸在一个重视研究、重视知识的社区中。他的父亲很快就发现儿子有数学天才，可是并没有直接教他数学。杨振宁说："父亲的哲学是'不要着急'。"在谈天时他偶尔会向儿子提出数学难题。可是父亲也认识到教育需要均衡。在杨振宁念完中学初一时，父亲请了一位同事来教他中国古文。经过两个夏天的紧张学

【走近名人】
　　杨振宁在1964年成为美国公民。他说："我们在美国过得很不错。在这里我们有许多朋友。我们在两个社会中都很自在。"

习，年轻的杨振宁能背诵孔子的门徒孟子的全部著作。

1937年日本入侵，杨振宁的祖父被迫离开北平，在昆明西南联合大学任教。杨振宁的父亲继续走好运。几十年后年轻的杨振宁也进了这所大学，受教于一些当时中国最杰出的科学家。他们之中有些以后去了美国，其中包括陈省身。陈省身已经从伯克莱加州大学退休，许多人都认为他是现在活着的最重要的微分几何学家。

在昆明时，杨振宁开始提高他的英文。他决定不用字典来念英文小说。他选的第一本小说是斯蒂文森的《金银岛》。这部小说里有和大海有关的俚语，因而很难念。他花了一个星期，念完了这本书，接着念奥斯汀的《傲慢与偏见》。在熟读这两本书以后，杨振宁说："以后就容易了。"

杨振宁还有去西方世界的另一原因：他对美国初期的科学家兼政治家富兰克林很崇敬，富兰克林的自传激励了杨振宁。去美国后他取名为富兰克，并将第一个孩子的英文名字取为富兰克林。

1945年杨振宁得到庚子赔款奖学金去了美国。普林斯顿大学接受了杨振宁，可是他要拜才华横溢的意大利物理学家费米为师，因此去了芝加哥大学并在以后被称为氢弹之父的泰勒的指导下写了博士论文。论文写好后只有4页。泰勒说服杨振宁，无论如何，一篇博士论文只有4页总是太短了，要他加长。他照办了，加到了23页。在物理学有了卓越的成就以后，他又转向远东。杨振宁将把他的文稿与信件捐赠给香港中文大学而不是给石溪纽约州立大学。他是中文大学的访问教授。杨振宁也没有排除他搬回中国的可能性，因为回去后他和与他结婚已50年的妻子杜致礼会得到更好的照顾。

新近,致礼在石溪州立大学的医院动了三次肿瘤手术,结果良好。杨振宁在长岛还是感到很自在,也不像是要搬到远离他的三位已经成年的孩子身边。他们三位都已得到科学方面的学位。杨振宁说:"他们是美国人。他们接触的中国文化很少。"长子光诺毕业于密西根大学计算机科学系,是纽约州西彻斯特县的一位财务顾问。次子光宇是一位化学博士,住在纽约城,为J．P．Marg财务公司分析化学工业。女儿又礼是蒙太拿州列文斯登县的一位医生。

在石溪为他的退休举行的学术讨论会结束时,杨振宁谈到他在60岁时的一个"伟大和意义深远的发现":"生命是有限的"。他念了9世纪的一位唐朝诗人李商隐的诗句:夕阳无限好,只是近黄昏。

20世纪初,另一位作家,也是杨振宁父亲的朋友——朱自清,把这两行诗句改为:但得夕阳无限好,何须惆怅近黄昏。在历经一生对自然的神秘的思考以后,杨振宁认为这一改造更精确地描述了他晚年的想法。

高二学历的第八号考生

1938年夏,鉴于辗转流离到抗战大后方的中学生非常之多,国民政府教育部宣布了一项措施:所有学生,不需文凭,可按同等学力报考大学。得此消息,随任西南联大数学系教授的父亲杨武之迁至昆明的杨振宁,在父亲的鼓励和支持下,以高二学力早早地报名参加统一招生考试。

杨振宁一家从1938年春到昆后,最先住在西南联大、云南大学间的文化巷11号。这条小巷原先是昆明北城脚偏僻荒凉、荨麻丛生之地,也叫做荨麻巷。随着联大教职工的陆续迁入,巷内除杨家外,还有物理学系教授赵忠尧和霍秉权分别住进19号、43号,化学系教授刘云浦住进41号,其他学校如云南大学社会学系教授费孝通等也先后入住该巷,小巷顿时热闹起来,并成为联大等校师生进出城内的主要通道,因而改名文化巷。

大学考试那天,杨振宁天还不亮就起了床,迅速地吃了几口饭,就精神抖擞地走进考场。这时候,考场上只来了寥寥几位同学。杨振宁穿着整洁的学生装,高高兴兴地领了准考证,贴上路过汉口时所照的照片,准考证上写着"统昆字第0008号考生业经审查合格,准予在昆明应考本科壹年级"。由于他平时读书认真,苦学不辍,几天之后,便以出色的成绩,被大学录取了。

只有高二学历的杨振宁能够考取当时的最高学府———国立西南联合大学,这确实让人感到高兴和意外,但这反过来说明杨武之家教有方。关于这一点,杨振宁2000年4月6日在南京作题为《中国文化与科学》的演讲时说:"我发现我在许多方面是很幸运的。首先,我的父亲是大学教授,我在一个学术气氛很浓的清华园里长大;另一方面,我很小就发现数学对我很容易……"

群英荟萃

中学时代的杨振宁聪明而早慧,数学念得非常好。有一天,他认真地对父亲说:"爸爸!我长大了要争取得诺贝尔奖!"从心底里盼望儿子有出息的杨武之,十分清楚诺贝尔奖的分量。他鼓励儿子说:"好好学吧!"没想到,这个玩笑,在西南联大一传十、十传百地传了开来。

杨振宁在高中时只读过化学而没有读过物理,所以他报考联大时考的是化学系。可1938年11月底入学后,他发现自己对物理学更有兴趣,又转到了物理学系。联大1938年入校的新生里,16岁的杨振宁,是同学中年龄最小的一个。此时的西南联大,学生宿舍是土墙茅草房或土墙铁皮房,教室是铁皮顶的房子,下雨时会丁丁东东响个不停。教室的地面是泥土地,没过多久就变得七坑八洼。窗户没有玻璃,风吹时必须用东西把纸张压住,否则会被吹掉下来。听课坐的是在椅子右边安上一块形似火腿却只能放一本书的木板的"火腿椅"。但师生们苦中作乐,幽默地称吃的掺带谷子、稗子、沙子的糙米饭是"八宝饭",穿的通了底的鞋是"脚踏实地",前后都破洞的鞋是"空前绝后"。

西南联大在学制和课程编制上,采取"学分制"为主体的"共同必修课"和"选修

【走近名人】

人们戏言:"杨武之的儿子数学很好,为什么不子从父业攻读数学而学物理?哦,因为数学没有诺贝尔奖!"

1944年7月,研究院6位研究生毕业。此时,获理学硕士学位的杨振宁才21岁,也是6位毕业生中年龄最小的。

课"三者结合的制度。大学本科四年,必须学满130—140个学分(各系不完全一样),经考试合格(任何一科都不准补考)才能毕业,因而不少学生考取联大却读不到毕业。在联大接受过教育的8000余人中,正式毕业生只有2522人(休学、参军者不计在内)。到1942年7月毕业时,联大物理学系最终完成学业者只有9人。

杨振宁本科毕业获理学学士学位后,考入本校研究院理科研究所物理学部读研究生。读研究生期间,杨振宁住在联大昆中北院研究生宿舍。这栋宿舍是年久失修的二层小楼。与他同室居住的有凌宁、金启华和顾震潮,黄昆和张守廉也偶尔来住几天。这些中华民族未来的精英们聚于一起,在陋室里交谈切磋,结伴探索着科学的奥秘。不过,杨振宁在读时的物理学系和物理学部,教授们虽想方设法办起了普通物理、电学、光学、无线电、近代物理等5个实验室,但由于缺乏仪器,实验不足,研究工作只好偏重于理论方面,教师们的研究成果也大多限于理论上的探讨。

杨振宁在联大短短的6年,却对他的一生产生了巨大的影响。杨振宁于《读书教学四十年》中回忆说:"我在联大读书的时候,尤其是后来两年念研究院的时候,渐渐地能欣赏一些物理学家的研究风格。""西南联大是中国最好的大学之一。我在那里受到了良好的大学本科教育,也是在那里受到了同样良好的研究生教育。""我在物理学里的爱憎主要是在该大学度过的6年时间里(1938—1944)培养起来的。"

杨门长子

杨振宁考入联大后,全家七口仅靠父亲一人挣工资养家糊口,生活过得十分艰难。1939年9月28日,日本飞机首次轰炸昆明。其后至1941年底,联大师生和其他昆明人一样,在"疲劳轰炸"下三天两头就要跑警报,有时一天要跑两次。1940年9月30日,日机又来轰炸昆明,杨家在小东角城租赁的房屋正中一弹,被炸得徒有四壁,全家少得可怜的家当顷刻之间化为灰烬。万幸的是,家人此时都躲进了防空洞,才免除了灾祸。可这次轰炸,对杨家的生活来说,无异于雪上加霜。几天后,杨振宁拿了把铁锹回去,翻挖半天,才从废墟里挖出几本压得歪歪斜斜但仍可使用的书,他如获至宝,欣喜若狂。

其后,为躲避日机轰炸,他们全家搬到昆明西北郊十余公里外的龙院村惠家大院居住,且一住3年。惠家大院分前院和后院,前院租给联大的教授居住,后院惠家自己的人住。吴有训、杨武之、赵忠尧三家住在惠家大院一进大门左边顺门而建的房屋里。此屋为两层小楼,吴有训家住楼下,杨武之、赵忠尧两家住楼上,赵家楼下是厨房。杨、赵两家的住室间有一窄窄的过道,过道的地板上开有一个洞口,自此通过楼梯可到楼下。

在龙院村,杨振宁留下了不少令人难忘的故事。作为杨家长子,他为鼓励弟妹多念书,还订出了一些颇为吸引人的规则:一天之中,谁念书好、听母亲的话、帮助做家务、不打架、不捣乱就给谁记上一个红点,反之就要记黑点。一周下来,谁有三个红点,谁就可以得到奖励———由他骑自行车带去昆明城里看一次电影。杨振宁周末从联大回到龙院村,住在村里的联大教授吴有训的孩子吴惕生、吴希如、吴再生、吴湘如,赵忠尧的女儿赵维志,余瑞璜的女儿余志华、余裴华等,都喜欢聚集到杨家来,听杨振宁讲英译的故事金银岛、最后的摩西根等。更有趣的是,杨振宁还同清华园里的玩伴、云南大学校长熊庆来之子熊秉明合作,熊秉明画连环画,杨振宁在旧饼干筒圆口上装一个放大镜,筒内安装一只灯泡,让连环画从放大镜前抽过,于墙上形成移动的人物,制成遭到飞机轰炸的"身在家中坐,祸从天上来"等土电影,给难得有机会看电影的孩子们开开眼界。

在昆明的日子里,因杨家有一副"云南扁",晚饭后一有空闲,杨武之就与棋友对上几局。杨振宁、杨振平等围在旁边,看来看去,自然地学会了下围棋。

杨振宁还有一个显著的特点是爱唱歌。不论是在校园里走路,或者是在家里做功课,他总爱大声地唱中国歌、

【走近名人】

国破家亡,联大师生的生活过得十分艰难,为解决生活困难,不少人都到外面兼差。杨振宁也兼过差。那是1945年春,杨振宁给在昆的部分美军官兵教中文,每周教3小时,赚了好几百美金贴补家用,以尽长子之责。

英语歌。在他喜爱唱的歌中,有几首是父亲教他唱的,在这其中,有一首歌名为《中国男儿》,歌词是:"中国男儿,中国男儿,要将双手撑天空。长江大河,亚洲之东,巍巍昆仑……古今多少奇丈夫,碎首黄尘,燕然勒功,至今热血犹殷红。"这是一首杨武之一生都喜欢的歌,也是杨振宁非常喜欢的歌。杨振宁尽管唱歌唱得不怎么好,但他喜欢唱歌。所以,在联大,杨振宁是一个因为唱歌就唱出了点"名气"的学生。有一次,一个杨振宁的朋友问一个同学,"你认不认识杨振宁?"那位同学竟然答道:"杨振宁?哦,让我想想,是不是就是唱歌唱得很难听的那个人?"

由于联大教员工资增长的速度总是赶不上昆明物价上涨的速度,致使教职员一般都入不敷出,负债度日者甚多。1942年8月,杨武之的薪额为470元,至1945年4月,其月薪额才590元,扣除所得税22.30元、印花税2.4元,实有565.30元。杨武之一人的薪金,要供全家生活及5个孩子上学之用,实在是捉襟见肘。身临窘境的杨家1941年3月成了联大教职员空袭受损救济的首名对象,得到600元的救济;同年6月,杨家又被列入膳食补助范围,其补助标准为每月16.8元。抗战结束时,杨家到了"无隔夜之炊的境地","全家个个清瘦,但总算是人人健康"。而能过到这一步,除头发斑白的杨武之苦苦支撑外,还有一个重要的原因,是杨振宁有一个克勤克俭、日夜操劳的母亲。正是这样一位勤劳的女性,凭借她"坚忍卓绝的精神支持全家度过了八年的抗战时期"。

名师和高徒

杨振宁在读时的联大物理学系,由饶毓泰、吴有训、周培源、朱物华、吴大猷、赵忠尧、郑华炽、霍秉权、王竹溪、张文裕、马仕俊、叶企孙、许浈阳、任之恭、孟昭英等国内外知名的教授执教。其中,给他上一年级普通物理课的是擅长实验的物理学家赵忠尧教授,上二年级电磁学课的是著名学者吴有训教授,上力学课的是在广义相

【走近名人】

西南联大名师荟萃,教师阵容非常强大。在联大,由于保存着清华大学把国文作为一年级学生必修课的传统,因而杨振宁能够听到朱自清、闻一多、罗常培、王力、陈岱孙等名家的课堂讲述。

对论等方面颇有研究的著名学者周培源教授等。杨振宁跟随这些大师们，很快步入了物理学的殿堂。

但对杨振宁来说，除了物理系直接教他的这些教授们外，父亲杨武之对他的影响也是相当大的。杨武之是一位将近世代数和数论、将西方现代数学方法引入中国的中国现代数学的先驱者之一，也是一位为中国数字教育作出重要贡献的数学家。

杨武之是一位教学极为认真的教授，也是一位教子极为严格的父亲。他早就在日常生活中，循循善诱，潜移默化地将不少数学知识传授给了儿女们。杨振宁在学校里，遇有不懂的问题、碰上难以处理的事，总是经常跑到数学系办公室向父亲请教。

杨振宁后来说："父亲对我们子女们的影响很大。从我自己来讲，我小时候受到他的影响而早年对数学发生浓厚的兴趣，这对我后来搞物理学工作有决定性的影响。"杨武之对杨振宁的影响，一直长久地发生着和存在着。

杨振宁还多次说过："在联大给我影响最深的两位教授是吴大猷先生和王竹溪先生。"

1942年，杨振宁本科毕业时，选了《用群论方法于多原子的振动》作毕

业论文,并请吴大猷做论文导师。他之所以选择这个题目,一个原因是经常发表论文的吴先生,对原子、分子光谱学的前沿问题非常清楚,并在教学之余研究和翻译了维格纳有关群论的书。

另一个原因是群论吸引了他,因为他的父亲就是专于群论的数学家。耳濡目染,杨振宁在高中时就从父亲那里接触到群论初阶。杨武之知道儿子选择这一题目后,把自己珍藏的、导师狄克逊写的《现代代数理论》送给杨振宁。

这本书用20页就把群论表述得非常透彻,使杨振宁认识到了群论无与伦比的美妙和力量。通过学士论文的写作,"我就接触了群论在物理学中的应用。回首往事,我对吴先生的这次指引深为感激,因为它对我后来发展成为一个物理学工作者有深远的影响。"杨振宁在研究生院读书时,受王竹溪教授的教育和引导,对统计物理发生了兴趣。

1944年研究生毕业时,杨振宁请王竹溪教授作硕士论文的指导老师,在其指导下又非常成功地写出了硕士论文,《超晶格》即为其中的一部分。

1983年王竹溪教授不幸逝世,杨振宁发来唁电说:"我对统计物理的兴趣即是受了竹溪师的影响。"杨振宁还回忆道:"以后四十年间,吴先生和王先生引导我走的两个方向———对称原理和统计力学———一直是我的主要研究方向。"

1944年8月,待庚子赔款考选留美公费生名单揭晓,杨振宁以68.71的考试成绩总平均分,考取了物理学门(注重高电压实验)惟一的留美公费生。按考试委员会"凡录取各生应在原机关服务留待后信"的规定,杨振宁的留待期为1944年秋至1945年夏。期间,他一边在联大附中教书,一边进行科学研究。

杨振宁利用这一段的留待期在联大附中担任教师。联大附中创办于1940年,初名为国立西南联合大学师范学院附属学校,有中小学两部分。1941年改

【走近名人】

经过多方争取,杨振宁等终于于1945年8月动身,乘飞机到印度,再由印度搭运兵船赴美留学。

为联大附属中小学,由师院院长黄钰生兼校主任。1946年后,附属的中学和小学分别改为昆明师范学院附中和附小。杨振宁在附中时,附中在文林街岑公祠。他同时教高中二年级和高中一年级的数学课,所教内容为《范氏大代数》。

高二的学生中,有一位陕西米脂籍的小姑娘名叫杜致礼,是正在率领远征军在前线与日寇作战的杜聿明将军的千金,杜致礼很喜欢她的这位相貌英俊且才学出众的小老师,这为他们以后在美国相遇并结为夫妻埋下了缘由。

有位男学生的名字很特殊,叫闻立鹤,杨振宁为他后来为保护父亲闻一多遭特务枪击而受伤印象很深。另有一个学生名叫罗广斌,杨振宁"文革"期间在香港看过小说《红岩》,怀疑作者之一就是他,一打听,果不其然。

在1944年10月6日联大制定的《第六届留美公费生拟入美校及研究计划》中,物理学门的杨振宁的计划为:在赵忠尧和王竹溪教授的指导下,拟入普林斯顿大学,研究原子核物理。

杨振宁在研究生院期间听了马仕俊教授的课后,开始注意"场论",并对变形物体热力学也非常感兴趣。在附中的这一年里,他花了不少心血来研究自己感兴趣的问题。

1945年四五月间,他很自信地认为,找到了一种颇为优雅的方法来讨论这一方面的问题。但后来发现国外有个叫莫纳汉的大科学家,早在1937年就已做过这方面的工作了。因信息闭塞而导致的这一重复,曾使他一度懊恼不已。但工夫并没有白费。在后来的岁月里,他在场论这一领域做出了重大的开创性的贡献。

等待的日子让人感到特别的难受。1945年初,杨振宁等知悉"各处录取之英美研究生及实习生等,有已出国者,有即启程者",而他们的行期依旧未定,不禁心急如焚。6月12日,张建侯、曹建

【走近名人】

杨振宁说,中华人民共和国建国十几年就成功研制出原子弹,从那时就培育和积累了一大批基础人才。

猷、杨振宁等16名同学就出国问题向梅贻琦校长联名送上《呈请书》,要求联大指派专员办理出国手续,并要求对船位、费用、服装等问题作出答复。

事隔半个多世纪,杨振宁1998年3月17日于《文汇报》上发表《父亲和我》一文,还对1945年8月28日离开昆明时的情形记忆犹新。他在文中写道:"清晨父亲只身陪我自昆明西北角乘黄包车到东南郊拓东路等候去巫家坝飞机场的公共汽车。"

"到了拓东路,父亲讲了些勉励的话,两人都很镇定。话别后我坐进很拥挤的公共汽车,起先还能从车窗外看见父亲向我招手,几分钟后他即被拥挤的人群挤到远处去了……等了一个多钟头,车始终没有发动。突然我旁边的一位美国人向我做手势,要我向窗外看:骤然间我发现父亲原来还在那里等!他瘦削的身材,穿着长袍,额前头发已是斑白。看见他满面焦虑的样子,我忍了一早晨的热泪,一时迸发,竟不能自己。"

1956年,杨振宁和李政道共同在美国《物理评论》上发表《对弱相互作用中宇称守恒的质疑》一文,共同认为在弱相互作用的领域内,宇称并不守恒。是年底,吴健雄等科学家通过严格试验证实了这一理论。

1957年12月10日,35岁的杨振宁和31岁的李政道因此登上了斯德哥尔摩诺贝尔奖领奖台。其前,杨振宁写信给吴大猷,感谢吴先生引导他进入对称原理和群论的领地,并说后来包括宇称守恒在内的许多研究工作,都直接或间接地与吴先生15年前介绍给他的那个观念有关。杨振宁在信中写道:"这是我一直以来都想告诉您的事情,而今天显然是一个最恰当的时刻。"这位20世纪伟大的物理学大师还说,他成就的一切基础都来自西南联大。他始终把昆明当做第二故乡,并深深地眷恋着昆明这块土地。

展望21世纪,杨振宁认为中国将于21世纪中叶成为世界科技大国。"我这样说原因有四:一、中国有数不清的绝顶聪明及可塑造性强的年轻一代,这是科技发展之首要前提。二、中国传统的儒家思想在重人伦和勤俭的同时,也重视教育,势必令上述人才大有可为。三、中国在过去一百年的发展中已经走出了固步自封的模式,取而代之的是对近代科学的热忱。四、中国内地、香港、台湾近年来经济的迅速发展为科技发展提供了强有力的后盾。"

"中国人是有很高素质的。比如清华大学的生源就不比美国哈佛大学的差,但我们要考虑的是,怎样把高质量的生源变成高质量的人才。"

2004年,杨振宁在清华大学给大学一年级讲授基础物理课,2005年杨振宁推荐清华基础科学班学生李真赴美国麻省理工深造,称其为"我所见过的最优秀的2、3个年轻物理学家之一"。杨表示有信心随着经济的发展、科研条件的改善,继本世纪的华裔科学家之后,中国本土的科学家必将于下个世纪在重要领域达到世界领先水平。

"中国本土出生、成长,并在本土出成果的科学家要获得诺贝尔奖,从现在算起,20年足够"。2006年,在广州作一场名为《怎样评价中国高等教育》的学术报告时,杨振宁却旗帜鲜明地指明,一两个诺贝尔奖获得者对目前的中国并没有多大用处,称"中国更需要像盖茨、任天堂那样的实业家"。

第四章　人才辈出的普渡大学

普渡大学具备雄厚的工科实力，自 1870 年开始授予工科学位以来，普渡大学保持在授予工科本科学位人数最多的 5 所大学之列，而且是授予女性工科学位人数最多的大学，它也是所有美国大学中培养宇航员最多的大学。

第一课　普渡大学的英才们

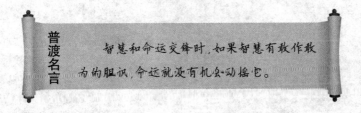

普渡名言

智慧和命运交锋时，如果智慧有敢作敢为的胆识，命运就没有机会动摇它。

普渡大学诞生的著名NBA球员有：1980年NBA状元乔·巴里·卡罗尔；1994年NBA状元格伦·罗宾逊以及火箭队2007年新秀卡尔·兰德里、国王队的布拉德·米勒等。

　　根岸英一(1935年7月14日生),日本化学家,普渡大学教授。因在"有机合成中的钯催化交叉偶联反应"方面做出贡献,瑞典皇家科学院于2010年10月6日宣布其与理查德·赫克、铃木章(曾于20世纪60年代在普渡大学做博士后研究,师从赫伯特·查尔斯·布朗(Herbert C. Brown)教授)共同获得2010年诺贝尔化学奖。

　　爱德华·米尔斯·珀塞耳,1952年诺贝尔物理奖得主,该校电机工程学学士、硕士。

　　本·莫特森,1975年诺贝尔物理奖得主,该校1947年物理学士。

　　赫伯特·查尔斯·布朗,1979年诺贝尔化学奖得主,时任(1947——2004)普渡大学化学系教授。

　　朱利安·施温格,1965年诺贝尔物理学奖得主,曾任普渡大学物理系教授。

　　弗农·史密斯,2002年诺贝尔经济学奖得主,普渡荣誉博士,该校Krannert学院教授,曾在普渡开始其学术职业生涯并工作12年。

　　尼尔·阿姆斯特朗(Neil Armstrong),第一个踏上月球的宇航员,1955

年航空工程学学士。

沃德·坎宁安（Ward Cunningham），Wiki之父，该校电机工程与计算机科学学士、计算机科学硕士。

陈唐山，台湾地区政治人物，曾任第五届"立法委员"、"外交部长"与"总统府"秘书长，该校1972年地球物理学博士。

孙立人，民国高级将领，著名抗日英雄。

邓稼先：中国"两弹元勋"、两弹之父、中国原子弹之父。中国核武器理论研究奠基人。为中国原子弹、氢弹原理的突破和试验成功及其武器化，以及新的核武器的重大原理突破和研制试验，均做出了卓越贡献。1948—1950年该校留学，1950年获物理学博士学位。

李国杰，中国工程院院士，第三世界科学院院士，中科院计算所所长，浙江大学计算机学院院长，普渡1985年计算机博士。

梁思礼，中国科学院院士，火箭与导弹专家，国际宇航科学院院士，国际宇航联合会副主席，1945年普渡电机工程学士。

罗伯特·福尼，光纤技术的主要革新家，普渡大学毕业生，1981年被授

予荣誉博士,杜邦公司执行副总裁。

罗伯特·巴特,车载(警车)无线电发明人,20世纪20年代在普渡电子工程系学习。

傅京孙(King-sun Fu),著名华裔科学家,模式识别之父,1960—1985普渡大学电子及计算机工程系教授。

罗斯科·乔治,世界上第一台全电子电视接收机发明者,普渡大学1922年EE学士,1927年EE硕士学位。

陈学俊的人生楷模

陈学俊,普渡大学毕业生。第三世界科学院院士、中国科学院学部委员、热能动力专家、"杰出教授"、我国热能动力工程的开山祖师。

陈学俊有一位深明大义、目光远大的父亲。陈学俊尚在童年时,父亲就将儿子的人生定位铆在了"为国家干大事有大出息"的基点上。父母正直勤劳、努力上进,他们严格而又慈爱的教育,影响了陈学俊的一生……

父 亲 目 光 远 大

陈学俊1919年3月5日生于安徽滁县乌衣镇。父亲陈克钧,幼年在私塾念过书,依靠自学成为一个深明礼义的有学有识之士。父亲年少时就与堂兄在镇上经商,他们经商有道,买卖公平,因此发展得很不错。而且父亲为人正直,生活俭朴,烟酒不沾,作风正派,品德高尚,诚恳待人却严于律己。更可贵的是他还热心公益事业,如出钱办学、修桥铺路,为大家办实事办好事,深得全镇居民的尊敬,被推为乌衣镇商会主师。母亲张慧先,淳朴忠厚,勤劳节俭,不多说话,只干实事。她和堂嫂忙于为全家及店员30多人烧饭做菜。陈学俊至今还记得母亲一天三次去河边淘米,经常看到母亲挽着竹篮的手臂红一块紫一块。母亲手脚不停,做好后让别人吃,自己忙着做厨房的扫尾工作。因此她顿顿都是吃剩下的饭菜却从不抱怨,好像天经地义似的。另外,

【教子有方】

孩子一旦有缺点错误,父母从不打骂,只是让孩子"面壁思过",认真思考错在哪里,为什么错。因此陈学俊和他的兄弟们对父亲都是非常爱戴和敬畏的。

父母恩爱,相敬如宾,相互关心,勤奋工作。他们对孩子的教育是循循善诱式的、启发开导式的。

最为可贵的是父亲目光远大,他认为经商至多只是赚点钱而已,内忧外患的国家更需要一大批才识出众的知识人才,而读好书学到科学知识才是造就这些人才的惟一途径。这些人才正是振兴中华的支柱。这是为国为民的好事,比经商有更重大的意义。因此,他为自己的孩子们创造学习机会,叮嘱陈学俊兄弟要读书,而不要他们接班经商。少年时代的陈学俊受父母影响,知道炎黄子孙要有志气,知道学习的重要和身负的重责,努力学习永不停滞。

身逢离乱志更坚

1931年,陈学俊在乌衣镇育智小学毕业,考入南京金陵中学。那是教会办的私立中学。但初中只读了一年。时逢上海"一·二八"事变,战乱不但没影响他的学习,反而更激起了他学习的劲头。他休学在家补习功课半年,跳二级考入南京私立安徽中学高中部。

高中毕业后,当时只要时间不冲突,可以同时考几所大学。他报考了

四所。考上海交大时,他站在交大工程馆顶楼平台看着美丽的校园想:如果进不了,以后一定要再回来! 果然,在多年以后,他不但到交大当了教授,还在1996年4月8日交大成立一百周年时,光荣地被交大授予"杰出教授"的称号。

他当时考入南京中央大学机械系,二哥同时也考入了大学。去重庆就学前,父亲让他乘火车先送四弟去安徽屯溪中学读书。分别之际,他触景生情,赋诗一首:"凝望月儿水中游,送弟八百下徽州。从此同为他乡客,何日共乐明月秋?"但离愁归离愁,并没有消融他的意志。思乡情浓,怀念父母,都成为他奋进的动力。在重庆他们生活很艰苦,吃的是蔬菜黄米饭,睡的是100多人的大教室,还不时有日本鬼子飞机轰炸。他对日本鬼子充满了仇恨,更感到振兴中华的重要。工程救国的理想在他心里日益坚定。

1939年陈学俊大学毕业,获工学学士学位,分至重庆经济部,在中央工业部试验所工作。由于努力钻研,他在1941年写出了锅炉制造工艺方面的论文,并出席在贵阳市召开的全国性学术会议,登上了全国性学术会议讲台。当时他才22岁。为表达终身为此服务的决心,会议期间他写诗明志,登在当时的《贵阳日报》上:"争名利,无意义,学工程,有志气,为人民,谋福利,为社会,求进取,我们永远为中国工程奋斗到底。山河破,倭寇獗,我会员,需立志,建国家,靠机器,卫国家,靠兵利,我们永远为中国工程奋斗到底!"由于成绩突出,1943年他受国家派遣,出国到美国燃烧工程公司考察。考察期间,他不但像海绵吸水一样汲取经验知识,还不忘宣传自己的祖国。一次朋友聚会,为长中国人民志气,他在教堂管风琴伴奏下先唱了一首大家熟悉的歌,然后他唱《嘉陵江上》。歌声打动了在场的所有人。歌后他还即兴讲话:"我们已经不是封建满清时代的落后中国,也不是殖民地时代的中国,而是抗击法西斯侵略的中美英苏四大盟国之一……"大家报以热烈的掌

【走近名人】

为使自己学业更精专,他用实习得来的钱读书,进美国普渡大学深造。毕业后他谢绝美国的高薪聘请,毅然回国,1947年回到上海,任上海交大教授之职。在上海迎接解放。

声,称他为"友谊大使"。

科研育人双丰收

解放后,陈学俊先后任上海交大教授、教研室主任、动力机械系主任、副校长等职。现任西安交大教授、工程热物理学研究所所长、中国工程热处理学会名誉会长。像他歌词中明志的那样,他

终身从事热能动力工程方面的科研、教学及培养研究生工作。他先后开发电力、热能工程、锅炉等多门学科。在国内最早开展多相流物理学研究,成为国内该学科奠基人。

请看陈学俊一步步坚实飞跃的足迹:20世纪50年代我国开始生产电站锅炉,他提出要想独立发展电力工业,必须结合我国国情进行科学研究,结合燃烧国产的煤种进行锅炉流受热面积灰磨损、传热与阻力特性的研究。20世纪60年代,锅炉朝高压超高压发展,为保证安全运行,水动力学问题成为重点关键技术之一。20世纪70年代,他主持并与上海汽轮机锅炉研究所一起,成功解决了上海市电厂本生型直流锅炉的严重脉动问题。

陈学俊搞了60年的科研,同时还教书育人。他教导学生说:"科学事业上没有平坦道路可走,碰到这样或那样的困难是不可避免的。要不畏艰难险阻,敢于坚持工作,刻苦钻研,经久不息,才能取得胜利。"陈学俊在育人中特别重视品德教育,为国家培养了大批人材。仅博士生就有27人,1名博士后。他的学生有很多都成为卓越的博士生导师,有4位已成为国家科学院院士。更可贵的是,他像父亲一样,热心公众事业,将1996年获得的"何梁何利基金会科学技术进步奖"奖金港币10万元赠与西安交大,设立研究生奖学金,建立安康希望工程基金。你看,他虽已老年,但还在奋斗,而且我们相信,只要生命不止,他的足迹将永远延伸!

普渡大学小百科

普渡是相当国际化的学校,在美国境外的名声响亮。以2011年ISS资料而言,国际学生有来自世界123个国家的7934人,每年4月第一个星期,普渡大学国际学者学生办公室均会定期举办世界周,促进国际学生与当地社区的关系。

普渡留学生来源国家及地区人数统计中,中国学生增长最为快速,3272人为最多,其次是印度人(1305人),第三是韩国(882人),第四为马来西亚(268人),中国台湾地区排第五(264人)。其他国际学生排名前十的依次为印度尼西亚、土耳其、巴基斯坦、加拿大和墨西哥。来自中国的本科生人数为2250人,研究生人数则为1022人。以洲别来看,亚洲学生人数为6653人最多。

普渡大学将近有20个专业全美前十、近40个专业全美前20名;在2008-2009年其他最新排名中:全美最佳回报率大学第七名(2010,SmartMoney);全美最佳MBA第14名(华尔街Wall Street Journal);全美最有价值大学称号(Princeton Review's top 100 'best value' colleges);普渡大学所在地West Lafayette获得全美最聪明(最高教育)城市第六名(Forbes magazine)。

第二课 普渡大学的国际影响

普渡
名言

苦难是人生的老师，通过苦难，走向欢乐。

普渡大学校园里的建筑物中，有两幢特别值得一提。它们的重要性不在于独特的建筑风格，而在于富意丰富的内涵。这两幢建筑物一个叫"纪念中心"，另一个叫"纪念会堂"，两者相距很近，由地下隧道把它们相互连通。

"纪念中心"有两重纪念意义，一是纪念《莫里尔土地赠与法》，二是纪念对普渡大学作出重大贡献的人。就第一层意义而言，该中心的大厅里画有一幅大壁画，上面栩栩如生地再现着林肯总统当年签署《莫里尔土地赠与法》的情景。此刻，林肯背后站立着一位智慧之神。

智慧之神拉开黑色的帷幕，从里面射出的光辉顿时驱散了黑暗，一大群男女青年在火把亮光的照耀下,昂首阔步地迈向知识世界。此画的寓意不言自明:《莫里尔土地赠与法》的实施,将使美国工农业发展加快步伐,国富民强的日子指日可待,纪念中心的第二层意义是让在普渡大学读书的学生时刻记住那些曾为普渡大学发展作出过重大贡献的人。

在"纪念中心"的各个房间、走廊和楼梯拐角处,一块块镌刻着捐款者名字的牌子挂满了墙壁。任何就读于该校的学生,一眼目睹到如此多的捐赠者对教育事业那么热心,对普渡大学那么厚爱,其内心自然会产生出一股强烈的感激之情,进而更珍惜自己在该大学的学习机会。

作为一所州立大学,普渡大学自然以招收本州的学生为主,且对本州学生给予种种优惠。相对于私立大学而言,普渡大学的州立大学学费较低,众多并不富裕家庭的子女也有机会在那里接受高等教育。

对于家庭经济特别困难者,学校实行免收学费政策,甚至还提供助学金,以确保有才华的贫困学生不因经济困难而失去了上大学的机会。由于普渡大学在教学和科研上都属美国一流大学之列,所以,印第安纳州的学生和其他州的学生都愿意到这里读书,实现以较低学费换取高质量的教

育之目的。

除此之外，世界上100多个国家的高中生和本科生也愿意到普渡大学求学深造。从相当程度上讲，普渡大学已是一所名符其实的国际性大学。该校于1886年开始接纳第一批外国留学生；现在，在普渡大学留学的外国留学生已达3000多人，占全校学生人数总数的10%左右。

此外，在普渡大学执教的教师队伍中，20%以上出生于国外。这些来自其他国家的学生和教师既为普渡大学带来了外国文化和习俗，也为普渡校园增添了不少异国情调和色彩。

为了加强学校交流，沟通不同文化之间的理解，普渡大学与40多个国家建立了校际交流项目，派遣自己的师生出国讲学和学习，接收别国的师生来普渡开展合作研究项目和攻读学位。总之，尽管普渡大学是一所州立大学，但无论从它的师生人员构成上讲还是从它的学术交流范围上讲，它都堪称国际性大学。

与其他巨型大学一样，普渡大学的图书馆系统也是由一个主馆和十几个分馆组成的，它们的总藏书量为200多万册，外加14000多份常订期刊。该校的主图书馆内设有数间宽敞的阅览室，总共有1400多全座位。

此外，普渡大学还设有一个视听教育中心，里面收藏有大量的电影胶片、录像带、幻灯片和录音带。人们可以在视听教育中心里的放映室里租借电影片和录像带放映。

普渡大学的校园生活相当丰富。学生的交响乐团、军乐团、剧团和合唱团一年四季在学校轮流表演，其中军乐团最受欢迎也最负盛名。

此外，普渡大学的跳伞俱乐部也极富特色。这一富有刺激及极具挑战

性的体育活动很受普渡大学学生们的青睐，每次举行跳伞活动时，全校会有许多人前往观望和喝彩。当然，让普渡学生最为痴迷的体育活动当属美国的橄榄球运动。

一年一度的橄榄球联赛拉开序幕，普渡学生的关注焦点即刻集中在每一场的比赛之上，直至联赛降下帷幕为止。该校共有两个大体育场，其中一个名叫罗斯埃的体育场可容纳6万名观众。

每年举行的美国大学生体育比赛活动，也总是吸引潮水般的观众涌向那里，使得中西部空旷的"玉米带"上空顿时响起一片震耳欲聋的喊叫声。

普
渡
大
学
小
百
科

Purdue Exponent 是一份独立的学生报纸，在印第安那州的大学报纸中拥有最大的发行量，在春季班与秋季班期间可印行 17500 份之多。"Movie Tribute Show with Erik Mygrant" WBAA 是普度大学所有的广播电台，其频率分布在 AM 920KHz 和 FM 101.3MHz，其播音室位于 Elliott Hall of Music，播送地区为整个拉法叶市。

第三课 胡适在普渡大学的毕业演讲

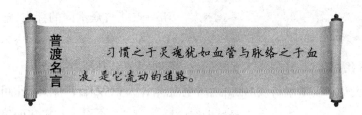

普渡名言

习惯之于灵魂犹如血管与脉络之于血液，是它流动的道路。

一

在这个值得纪念的仪式完毕之后，你们就被列入少数特权分子之列——大学毕业生。今天并不是标示着人生一段时期的结束或完毕，而是一个新生活的开始，一个真正生活和真正充满责任的开端。

人家对你们作为大学毕业生的，总期望会与平常人有所不同，和大多数没有念过大学的人有所不同。他们预料你们言行会有怪异之处。

你们有些人或许不喜欢人家把你们目为与众不同、言行怪异的人。你们或许想要和群众混在一起，不分彼此。

让我们向你们保证，要回到群众中间，使人不分彼此，是一件容易做到的事。假如你们有这个愿望，你们随时都可以做到，你们随时都可以成为

一个"好同伴",一个"易于相处的人"——而人们,包括你们自己,马上就会忘记你们曾经念过大学这回事。

虽然大学教育当然不该把我们造成为"势利之徒"和"古怪的人",可是我们大学毕业生一直保留一点儿与众不同的标志,却也不是一件坏事。这一点儿与众不同的标志,我相信,是任何学术机构的教育家所最希望造成的。

大学男女学生与众不同的这个标志是什么呢?多数教育家都很可能会同意地说,那是一个多少受过训练的脑筋——个多少有规律的思想方式——这会使得,也应当使得,受大学教育的人显出有些与众不同的地方。

一个头脑受过训练的人在看一件事是用批判和客观的态度,而且也用适当的智识学问为凭依。他不容许偏见和个人的利益来影响他的判断和左右他的观点。他一直都是好奇的,但是他绝对不会轻易相信人。他并不仓促地下结论,也不轻易地附和他人的意见,他宁愿耽搁一段时间,一直等到他有充分的时间来查考事实和证据后,才下结论。

总而言之,一个受过训练的头脑,就是对于易陷入于偏见、武断和盲目接受传统与权威的陷阱,存在戒心和疑惧。同时,一个受过训练的脑筋绝不是消极或是毁灭性的。他怀疑人并不是喜欢怀疑的缘故;也并不是认为"所有的话都有可疑之处,所有的判断都有虚假之处"。他之所以怀疑是为了想确切相信一件事。为了要根据更坚固的证据和更健全的推理为基础,来建立或重新建立信仰。

你们四年的研究和实验工作一定教过你们独立思考、客观判断、有系统的推理和根据证据来相信某一件事的习惯。这些就是也应当是标示一个人是大学生的标志。就是这些特征才使你们显得"与众不同"和"怪异",而这些特征可能会使你们不孚众望和不受欢迎,甚至为你们社会里大多数人所畏避和摒弃。

可是，这些有点令人烦恼的特点却是你们母校于你们居留在此时间中，所教导你们而为此最感觉自豪的事。这些求知习惯的训练，如果我没有判断错误的话，也就是你们在大学里有责任予以培养起来的，回家时从这个校园里所带走的，并且在你们整个一生和在你们一切各种活动中，所继续不断的实行和发展的。

伟大的英国科学家，同时也是哲学家的赫胥黎（Thomas.H.Huxley）曾说过："一个人一生中最神圣的行为就是口里讲，内心深感觉到这句话：'我相信某件事是实在的。'紧附在那个行为上的是人生存在世上一切最大的报酬和一切最严重的责罚。"要成功地完成这 个"最神圣的行为"，那应用在判断、思考和信仰上的思想训练和规律是必要的。

所以在这一个值得纪念的日子，你们必须问自己的第一个问题就是：我是否获得所期望于为一个受大学教育的我所应有的充分智识训练吗？我的头脑是否有充分的装备和准备来做赫胥黎所说的 "一个人一生中最神圣的行为"？

二

我们必须要体会到"一个人一生中最神圣的行为"也同时是我们日常所需做的行为。另一个英国哲学家弥尔（John Stuart Mill）曾说过："各个人每天每时每刻都需要确切证实他所没有直接观察过的事情……法官、军事指挥官、航海人员、医师、农场经营者（我们还可以加上一般的公民和选民）的事，也不过是将证据加以判断，并按照判断采取行动……就根据他们做法（思考和推论）的优劣，就可决定他们是否尽其分内的职责。这是头脑所不停从事的职责。"

由于人人每日每时都需要思考，所以人在思考时，极容易流于疏忽，漠不关心，和习惯性的态度。大学教育毕竟难以教给我们一整套精通与永久适用的求知习惯，原因是其所需的时间远超过大学的四年。大学毕业生离开了他的实验室和图书馆，往往感觉到他已经工作得太劳累，思考得太辛苦，毕业后应当享受到一种可以不必寻求知识的假期。他可能太忙或者太懒，而无法把他在大学里刚学到而还没有精通的知识训练继续下去。他可能不喜欢标榜自己为受过大学教育"好炫耀博学的人"。他可能发现讲幼稚的话与随和大众的反应是一种调剂，甚至是一种愉快的事。无论如何，大学毕业生离开大学之后，最普遍的危险就是溜回到怠惰和懒散方式的思考和信仰。

所以大学生离开学校后，最困难的问题就是如何继续培养精稳实验室研究的思考态度和技术，以便将这种思考的态度和技术扩展到他日常思想、生活和各种活动上去。天下没有一个普遍适用以提防这种懒病复发的公式。但是我们仍然想献给列位一个简单的妙计，这个妙计对我自己和对我的学生和朋友都很实用。

我所想要建议的是各个大学毕业生都应当有一个或两个或更多足以引起兴趣和好奇心的疑难问题，借以激起他的注意、研究、探讨或实验的心思。你们大家都知道的，一切科学的成就都是由于一个疑难的问题碰巧激起某一个观察者的好奇心和想象力所促成的。有人说没装备良好的图书馆和实验室是无法延续求知的兴趣。这句话是不确实的。请问阿基米得、伽利略、牛顿、法

拉第,或者甚至达尔文或巴
斯德究竟有什么实验室或
图书馆的装备呢?一个大学
毕业生所需要的仅是一些
会激起他的好奇心,引起他
的求知欲和挑激他的想法
求解决的有趣的难题。那种
挑激引发的性质就足够引
致他搜集资料、触类旁通、
设计工具和建立简单而适
用的试验和实验室。一个人

对于一些引人好奇的难题不发生兴趣的话,就是处在设备良好的实验室
和博物馆中,智识上也不会有任何发展。

　　四年的大学教育所给予我们的,毕业只不过是已经研究出来和尚未
研究出来的学问浩瀚范围的一瞥而已。不管我们主修的是哪一个科目,
我们都不应当有自满的感觉,以为在我们专门科目范围内,已经没有
不解决的问题存在。凡是离开母校大门而没有带一两个智识上的难题
回家去和一两个在他清醒时一直缠绕着他的问题,这个人的智识生活
可以说是已经寿终正寝了。

　　这是我给你们的劝告:在这一个值得纪念的日子里,你们该花费几分
钟,为你们自己列一个智识的清单,假如没有一两个值得你们下决心解决
的智识难题,就不轻易步入这个大世界。你们不能带走你们的教授,也不
能带走学校的图书馆和实验室。

　　可是你们带走几个难题。这些难题时刻都会使你们智识上的自满和
怠惰下来的心受到困扰。除非你们向这些难题进攻并加以解决,否则你们
就一直不得安宁。那时候,你们看吧,在处理和解决这些小难题的时候,你
们不但使你们思考和研究的技术逐渐纯熟和精稔,而且同时开拓出智识
的新地平线并达到科学的新高峰。

三

　　这种一直有一些激起好奇心和兴趣疑难问题来刺激你们的小妙计有许多功用。这个妙计可使你们一生中对研究学问的兴趣永存不灭，可开展你们新嗜好的兴趣，把你们日常生活提高到超过惯性和苦闷的水准之上。常常在沉静的夜里，你们突然成功地解决了一个讨厌的难题而很希望叫醒你们的家人，对他们叫喊着说："我找到了，我找到了！"那时候给你们的是智识上的狂喜和很大的乐趣。

　　但是这种自找问题和解决问题方式最重要的用处，是在于用来训练我们的能力，磨炼我们的智慧，而因此使我们能精稔实验与研究的方法和技术。对思考技术的精稔可能引使你们达到创造性的智识高峰；但是也同时会渐渐地普遍应用在你们整个生活上，并且使你们在处理日常活动时，成为比较懂得判断的人，会使你们成为更好的公民，更聪明的选民，更有智识的报纸读者，成为对于目前国家大事或国际大事一个更为胜任的评论者。

　　这个训练对于为一个民主国家里公民和选民的你们是特别重要的。你们所生活的时代是一片充满了惊心动魄事件的时代，一个势要毁灭你们政府和文化根基的战争时代。而从各方面拥集到你们身上的是强有力不让人批驳的思想形态，巧妙的宣传以及随意歪曲的历史。希望你们在这个要把人弄得团团转的旋风世界中，要建立起你们的判断力，要下自己的决定，投你们的票和尽你们的本分。

　　有人会警告你要特别提高警觉，以提防邪恶宣传的侵袭。可是你们要怎样做才能防御宣传的侵入呢？因为那些警告你们的人本身往往就是职业的宣传员，只不过他们罐头上所用的是不同的商标；但这些罐头里照样是陈旧的和不准批驳的东西！

例如，有人告诉你们，上次世界大战所有一切唯心论的标语，像"为世界民主政治的安全而战"和"以战争来消弭战争"，这些话，都是想讨人欢喜的空谈和烟幕而已。但是揭露这件事的人也就是宣传者，他要我们全体都相信美国之参加上次世界大战是那些"担心美元英镑贬值"放高利贷者和发战争财者所促成的。

再看另一个例子。你们是在一个信仰所培养之下长大起来的。这些信仰就是相信你们的政府形式，属于人民的政府，尊敬个人的自由，特别是相信那保护思想、信仰、表达和出版等自由的政府形式是人类最伟大的成就之一；但是我们这一代的新先知们却告诉你们说，民主的代议政府仅是资本主义制度下的　个必然的副产品，这种制度并没有实质的优点，也没有永恒的价值；他们又说个人的自由并不一定是人们所希求的；为了集体的福利和权力的利益起见，个人的自由应当视为次要的，甚至应当加以抑压下去的。

这些和许多其他相反的论调到处都可以看到、听到，都想要迷惑你们的思想，麻木你们的行动。你们需要怎么样准备自己来对付一切所有这些

相反的论调呢？当然不会是紧闭着眼睛不看，掩盖着耳朵不听吧。当然也不会躲在良好的古老传统信仰的后面求庇护吧，因为受攻击和挑衅的就是古老的传统本身。当然也不会是诚心诚意地接受这种陈腔烂调和不准批驳的思想和信仰的体系，因为这样一个教条式的思想体系可能使你们丢失很多的独立思想，会束缚和奴役你们的思想，以致从此之后，你们在智识上说，仅是机械一个而已。

你们可能希望能保持精神上的平衡和宁静，能够运用你们自己的判断，唯一的方法就是训练你们的思想，熟稔自由沉静思考的技术。使我们更充分了解智识训练的价值和功效的就是在这智识困惑和混乱的时代。这个训练会使我们能够找到真理——使我们获得自由的真理。

关于这种训练与技术，并没有什么神秘的地方。那就是你们在实验室里所学到的，也就是你们最优秀的教师终生所从事，而在你们研究论文上所教你们的方法，那就是研究和实验的科学方法。

也就是你们要学习应用于解决我所劝你们时刻要找一两个疑难问题所用的同样方法。这个方法，如果训练得纯熟精通，会使我们能在思考我们每天必须面对有关社会、经济和政治各项问题时，会更清楚、会更胜任的。

其要素言，这个科学技术包括非常专心注意于各种建议、思想和理论以及后果的控制和试验。一切思考是以考虑一个困惑的问题或情况开始的。所有一切能够解决这个困惑问题的假设都是受欢迎的。但是各个假设的论点却必须以在采用后可能产生的后果来作为适用与否的试验，凡是其后果最能满意克服原先困惑所在的假设，就可接受为最好和最真实的解决方法。这是一切自然、历史和社会科学的思考要素。

人类最大的谬误，就是以为社会和政治问题简单得很，所以根本不需要科学方法的严格训练，而只要根据实际经验就可以判断，就可以解决。

　　但是事实却是刚刚相反的。社会与政治问题是关联着千千万万人命和福利的问题。就是由于这些极具复杂性和重要性的问题是十分困难的，所以使得这些问题到今日还没有办法以准确的定量衡量方法和试验与实验的精确方法来计量。甚至以最审慎的态度和用严格的方法无法保证绝无错误。但是这些困难却省免不了我们用尽一切审慎和批判的洞察力来处理这些庞大的社会和政治问题的必要。

　　两千五百年前某诸侯问孔子说："一言而可以兴邦……一言而丧邦有诸？……"

　　想到社会与政治的问题，总会提醒我们关于向孔子请教的这两个问题，因为对社会与政治的思考必然会连带想起和计划整个国家，整个社会，或者整个世界的事。所以一切社会与政治理论在用以处理一个情况时，如果粗心大意或固守教条，严重地说来，可能有时候会促成预料不到的混乱、退步、战争和毁灭，有时就真的是一言兴邦，一言丧邦。

　　刚就在前天，希特勒对他的军队发出一个命令，其中说到一句话：他要决定他的国家和人民未来一千年的命运！

　　但希特勒先生一个人是无法以个人的思想来决定千千万万人的生死问题。你们在这里所有的人需要考虑你们即将来临的本地与全国选举中有所选择，所有的人需要对和战问题表达意见，并不决定。是的，你们也会考虑到一个情况，你们在这个情况中的思考是正确，是错误，就会影响千千万万人的福利，也可能直接或间接地决定未来一千年世界与其文化的命运！

　　所以为少数特权阶级的我们大学男女，严肃的和胜任的把自己准备好，以便像在今日的这个时代，这个世界，每日从

事思考和判断,把我们自己训练好,以便作有责任心的思考,乃是我们神圣的任务。

有责任心的思考至少含着三个主要的要求:第一,把我们的事实加以证明,把证据加以考查;第二,如有差错,谦虚地承认错误,慎防偏见和武断;第三,愿意尽量彻底获致一切会随着我们观点和理论而来的可能后果,并且道德上对这些后果负责任。

怠惰的思考,容许个人和党团的因素不知不觉地影响我们的思考,接受陈腐和不加分析的思想为思考之前提,或者未能努力以获致可能后果,来试验一个人的思想是否正确等等就是智识上不负责任的表现。

你们是否充分准备来做这件在你们一生中最神圣的行动——有责任心的思考?

普渡大学小百科

普渡大学华裔校友:

王补宣院士,江苏无锡人。1922年2月5日生,热工学、传热传质学、工程热力学家。1943年毕业于西南联合大学。1949年获美国普渡大学硕士学位。在中国传热领域是泰斗级的人物。

梁思礼(梁启超之子),中国科学院院士,火箭与导弹专家,国际宇航科学院院士,国际宇航联合会副主席,1945年普渡电机工程学士。

陈学俊,中国科学院院士,热能动力工程学家,曾任西安交通大学副校长。安徽滁县人。1946年获普渡大学机械工程硕士学位。

邓稼先,核物理学家,中国科学院学部委员(现称科学院院士),中国核武的"两弹元勋",普渡1950年物理学博士。

第四课　普渡大学名人榜——梁思礼

普渡名言

如果你不能战胜对手,就加入到他们中间去。

走近人物

梁思礼,我国著名火箭控制系统专家,导弹控制系统研制领域的创始人之一,中国科学院院士,国际宇航科学院院士。他是中国航天可靠性工程学的开创者和学科带头人之一,航天CAD的倡导者和奠基人,为我国航天事业发展做出了卓越贡献。

历任国防部第五研究院研究室副主任、副所长、七机部总工程师、通用测试设备总设计师、航天部总工程师、航空航天部科技委副主任、国际宇航联合会副主席等职,现任航天科技集团公司、航天科工集团公司科技委高级技术顾问、中国老教授协会顾问、国家图书馆顾问等职。曾获国家科技进步特等奖、何梁何利科学与技

术进步奖、中国老教授科教兴国奖等。

1924年8月24日梁思礼出生于北京,原籍广东新会,为梁启超最小的儿子。

1941—1949年赴美国留学,先后在普渡大学、辛辛那提大学学习,获应用科学研究博士学位。

1950—1953年任邮电部电信技术研究所技术员。

1953—1956年任总参通信兵部电子科学研究所工程组副组长,参加国家"12年科学远景规划"制定工作,负责起草"喷气技术"(即导弹与火箭)部分。

1956—1961年任国防部第五研究院自动控制研究室主任,为钱学森院长手下十个室主任之一。

1961—1965年任国防部五院二分院第一设计部副主任,是我国第一枚地对地导弹控制系统技术负责人之一。

1965—1983年任第七机械工业部一院十二所副所长、所长、副院长,中近程导弹控制系统主任设计师;远程导弹、长征二号副总设计师,同时担任长征三号控制系统技术负责人。

1981年任第七机械工业部总工程师、通用测试设备(CAMAC)总设计师。

1983-1988年任航天工业部总工程师、科学技术委员会常委。

1989年任航空航天部科学技术委员会副主任。

1993年当选为中国科学院院士,第八届全国政协委员。

1994年当选为国际宇航联合会(IAF)副主席。

梁思礼的传奇人生

喜欢NBA的导弹专家梁思礼1924年8月24日生于北京,籍贯广东新会,是清末著名政治家和思想家,维新运动领袖梁启超最小的儿子。

1941年毕业于南开中学,1943年随三姐思懿赴美留学,在普渡大学电机工程系主修无线电,后又学了自动控制。在普渡大学期间,他仅用两年的时间就修完3年的课程,并于1945年取得了该校的学士学位。随后,他又获得了辛辛那提大学(cincinnati)硕士(1947年)和博士学位(1949年)。

1949年10月回国后,他被安排在邮电部电信技术研究所和通信兵部电子科学研究所从事技术工作,并参加了国务院组织的"12年科学远景规划"起草工作,负责起草我国运载火箭研制的长远规则。1956年,他调任国防部第五研究院导弹系统研究室主任。此后,他先后领导和参加了多种导弹和运载火箭的控制系统研制试验。

他是我国自行设计并于1964年实验成功的第一枚地地导弹的控制系统负责人之一,并在以后改进的型号中领导研制出具有中国特色的全惯性制导系统;他参加了1966年10月27日在我国领土上进行的震惊世界的导弹核武器试验;他还是我国向南太平洋发射的远程液体火箭和长征二号运载火箭的副总设计师、控制系统研制工作的负责人;在他的主持下,我国首次把集成电路用于弹上计算机,并首次以此进行全弹自动化测试;他还参加了1980年向太平洋发射远程火箭的飞行试验。

梁思礼1985年获"国家科技进步特等奖",1987年当选为国际宇航科学院院士,1993年当选为中国科学院院士和第八届全国政协委员,1994年当选为国际宇航联合会副主席,1996年10月获"何梁何利奖",1997年9月荣获"中国老教授科教兴国贡献奖"。

此外,他还曾获"何梁何利基

【人物简介】

火箭系统控制专家、中国科学院院士梁思礼出生于北京,是梁启超的第五子。1941年毕业于重庆南开中学,并随三姐思懿赴美留学,在普渡大学电机工程系主修无线电,后又学了自动控制。在普渡大学期间,他仅用两年的时间就修完3年的课程,并于1945年取得了该校的学士学位。随后,他又获得了辛辛那提大学硕士(1947年)和博士学位(1949年)。

金奖",担任过航天工业总公司科技委员会副主任等职。

梁启超51岁得子梁思礼。思礼长得酷似父亲,被亲昵地称为"老白鼻"。梁启超生前曾许了个愿,60岁后不再从事社会活动,要专心致志地教育孩子,可惜他56岁便撒手人寰。梁思礼说:"父亲对我的直接影响较少,但他遗传给我一个很好的毛坯,他的爱国思想通过我的母亲及他的遗著使我一生受益。"

1956年,国防部第五研究院成立,梁思礼被任命为导弹控制系统研究室副主任,是钱学森院长手下的十个室主任之一,他将全部身心都融入到发展我国导弹与火箭的事业之中。

梁思礼永远难忘1960年的一次导弹发射试验。当时他站在离发射阵地仅两千米远的吉普车旁,聂荣臻元帅坐镇在5千米以外的帐篷前,这颗导弹刚起飞就掉了下来,距发射点只有300多米。梁思礼立即奔向爆炸地

点,望着深深的大坑,心痛万分,几天吃不下饭。

这次试验前,他与快分娩的妻子麦秀琼告别时说:"若生男孩取名'凯',生女取名'旋'。"他盼望着凯旋。试验虽然失败了,但他仍给女儿起名"旋",他相信今后一定会成功。果然,1964年,梁思礼作为控制系统的主要技术负责人之一,参加了第一个自行设计的中近程液体地地导弹的研制并发射成功。

梁思礼的性格爽朗乐观:"我与父亲一样,崇尚趣味主义。父亲常说,若哭丧着脸挨过几十年,那么生命就成了沙漠,要来何用?"梁思礼的业余爱好也与他在事业上的辉煌成就一样交相辉映。大学时他参加了学校古典式摔跤队,并获得1944年美国十大学(BigTen)冠军。梁思礼对篮球也很痴迷,有NBA的球赛,他总要挤出时间看看,他还可以滔滔不绝地说出乔丹、奥尼尔等球星的名字。对于音乐、摄影和旅游,梁思礼也很喜爱,但最爱的要数下象棋了。以前每次院士们开会,他准要与黄纬禄等老总们一比高下。后来梁思礼迷上了与计算机下象棋,一有空,便上机与计算机厮杀几盘。

垂头自惜千金骨,伏枥仍存万里心。作为中国第一代"驯火人",梁思礼现在依然活跃在航天科技战线上。

1999年10月1日,建国50周年庆典阅兵式在北京举行,这一年也正好

是梁思礼返回祖国50周年。站在观礼台上,看着威风八面的航天武器从眼前经过,回顾起中国航天从无到有、从弱到强的发展史,梁思礼感慨万千。爱国主义、奋发图强是他一生的精神支柱;使受尽屈辱的祖国繁荣昌盛,自立于世界民族之林是他不懈的追求,他用一生的实践在航天事业中兑现着自己的诺言。梁启超一生主张维新变法,为复兴中华大声疾呼。若他在天有灵,看到他的"老白鼻"虽历经坎坷而九死不悔的赤诚之心,当会何等的欣慰与骄傲!

留美八年顽强自立攻科学

梁思礼是清末著名政治家和思想家梁启超最小的儿子,5岁丧父,由母亲抚养成人。1935年考入天津南开中学,抗战爆发后转入耀华中学。

1941年高中毕业,随三姐梁思懿赴美留学。1943年他申请获得美国租借法案中对留美中国学生的生活津贴,于是转入普渡大学电机工程系,主修无线电,以后又学自动控制,曾获得Sigmakai,Tau Beta Pi,Eta Kappa Nu等多个荣誉学会的金钥匙。

由于日美宣战失去与家庭的联系,经济来源断绝,大学生活相当清苦。他曾到餐馆洗碗、当侍者,担任游泳场救生员,实验员等。这段生

活经历对培养他艰苦奋斗和敢于在困境中打开局面的勇气与毅力很有帮助。

1945年毕业，获学士学位。后入辛辛那提大学攻读，先后于1947年和1949年获硕士及博士学位。1948年曾积极参加进步的北美基督教

中国学生会（CSCA），并成为执行委员会成员。1949年参加留美知识分子的爱国组织，中国科学工作者协会，动员中国留学生回国，并带头于1949年9月回国，参加新中国建设。

成为中国第一代航天人

梁思礼回国后一直从事电信研究，1956年是他一生中一个新的起点。那年春，他参加了党中央、国务院主持的12年科学规划的制定工作，参加起草"喷气技术"（即导弹与火箭）部分。

同年9月，他作为技术骨干被调入正在筹建的国防部第五研究院（以下简称五院）。10月8日五院正式成立，梁思礼被任命为自动控制研究室主任，他在国外所学的专业又有了用武之地。同年11月他光荣地加入了中国共产党。从五院建院开始，梁思礼的全部身心就融入我国导弹与火箭事业之中。

1958年，五院与炮兵共同组建P-2导弹教导大队。由苏联专家讲授P-2导弹的原理和操作、使用、维护技术。梁思礼被任命为技术副大队长。

1959年，五院开始仿制P-2导弹。梁思礼作为控制系统技术负责人之一，担任驻厂工作组组长，负责控制系统的仿制和

技术人员培训工作。1960年，依靠我国自己的力量仿制并试验成功P-2地地导弹。

随后，梁思礼作为控制系统的主要技术负责人之一，参加了第一个自行设计的中近程液体地地导弹的研制，并于1964年取得成功。

1965年，"老五院"集体脱军装转业，变成第七机械工业部。同年制定了"八年四弹"规划，即1965年—1972年8年内研制出中近程导弹、中程、中远程、洲际导弹4个型号的战略导弹。

梁思礼被任命为上述中近程导弹改进型号的控制系统主任设计师，与同事一起研制成功导弹全惯性制导系统，并先后参加和领导13发弹的飞行鉴定试验。1966年10月，梁思礼参加了导弹核武器的飞行试验。

这一年，他还在国防科委召集的各国防工业部门的领导干部大会上介绍了如何组织高技术大型工程中的系统综合经验（即现在所说的工程系统的雏形）。这是第一代航天人在老一辈革命家的领导下集体智慧的结晶。

在逆境和干扰中搞科研

1966年，梁思礼主持远程液体地地导弹控制系统的研究和方案制定工作。随后被任命为该导弹和长征二号运载火箭的副总设计师，负责控制系统的研制工作。但刚起步不久，"文化大革命"的风暴严重冲击了上述型号火箭的研制工作。

梁思礼在这场风暴中受到了"批判"、"靠边站"等不公正待遇。老母亲被折磨致死，家被抄，但在事业面前，他仍不计个人职务名位，强忍丧母的悲痛，坚持开展科研工作，在逆境中和各种

干扰下努力使研制工作不断取得进展。

"那时一边打'派仗',一边搞科研生产。我们这些老科技人员都被打成'反动学术权威'靠边站了,但在技术上还要靠我们。有的同志白天挨批斗,晚上还得搞科研。"梁思礼回忆说。

就是在这种特别困难的条件下,中远程导弹还是在1970年研制成功了。1970年4月24日,就是使用它加长征一号运载火箭把我国第一颗人造卫星东方红一号送上了天。这颗183千克重的中国卫星在世界上空高奏《东方红》乐曲,震惊了全世界。

1976年—1978年期间,梁思礼曾同时担任长征三号控制系统技术负责人。在确定长征三号控制系统方案中起到技术领导和具体指导作用。1978年他又集中力量研制远程导弹和长征二号的工作,并参加了上述型号火箭多次飞行试验和1980年向太平洋发射远程运载火箭的飞行试验,直至定型、装备部队。为我国远程导弹的研制成功做出了卓越的贡献。

1981年,梁思礼被任命为第七机械工业部总工程师。同年被任命为通用测试设备(CAMAC系统)总工程师,负责航天部通用计算机自动化测试系统的研制工作。这一项目经过4年努力,取得成功。

1983年,梁思礼任航天部总工程师、科学技术委员会常委。这一年他赴美就CAD/CAM的发展和应用进行了专题考察,并写了《美国技术改革的主要领域——CAD的现状》考察报告。在航天部第一次CAD研讨会上作报告,提出在航天部开展CAD/CAM工作的必要性和发展道路。

1988年,他作为国防科工委组织的"核武器和空间裁军研究组"的成员,开始进行核战略导弹和外空武器裁军的研究工作。

1989年,梁思礼出任航空航天部科学技术委员会副主任。并于1993年当选为中国科学院院士,第八届全国政协委员。1994年当选为国际宇航联合会(IAF)副主席。

梁思礼轶事

梁思礼于1924年8月24日出生在北京,很受梁启超的宠爱,1927年,梁启超在给海外孩子的信中说:"每天老白鼻总来搅局几次,是我最好的休息。"梁思礼是梁启超最大的精神安慰。1927年1月2日,梁启超在给海外孩子们的信中写道:"老白鼻一天一天越得人爱,非常聪明,又非常听话,每天总要逗我笑几场。他读了十几首唐诗,天天教老郭(保姆)念,刚才他来

告诉我说：'老郭真笨，我教他少小离家，他不会念，念成乡音无改把猫摔。'他一面念一面抱着小猫就把那猫摔地下，惹得哄堂大笑。"

"其实，在我的记忆中，我只是觉得父亲很疼爱我，当时我年纪很小，认识的字不多，很多事情也是后来看到父亲书信集的时候了解到的。"梁思礼说，也正是梁启超的这些记述，让梁思礼院士能够追忆更多在饮冰室的时光。在梁启超的笔下，梁思礼小时很灵巧，两岁时，梁启超只要一要香烟，梁思礼就会把抽烟的一套用具送到父亲面前，每次都让梁启超非常高兴。

梁启超在给海外孩子们的信中，经常用大量的笔墨非常细致地形容"老白鼻"。最有趣的是梁启超有一滑稽作品寄给梁思顺（梁启超女儿），用滑稽的话语把梁思礼小时候的神态描写得活灵活现。

"昨日好稀奇，进出门牙四个，刚把来函撕吃（事实），却正襟危坐。一双小眼碧澄澄，望着阿图和，肚里打何主意，问亲家知么。"诗中"刚把来函撕吃"说的是思礼长新牙见什么都咬，借来磨他的新牙。在另一件作品中，梁启超用梁思礼的口气写了封感谢信："谢你好衣裳，穿着合身真巧。那肯赤条条地，叫瞻儿取笑。爹爹替我掉斯文，我莫名其妙。我的话儿多著，两亲家心照。"

"谢你的衣裳"是谢谢梁思顺从国外寄给思礼的新衣服。"那肯赤条条地，教瞻儿取笑"，瞻儿是梁思顺的长子周同轼的小名，他比思礼年龄大得多，但论起来却是梁思礼的晚辈。回忆起这段往事，梁思礼倍感亲切，"周同轼经常用这封信的内容跟我开玩笑，谈笑之间总能勾起我对童年生活的记忆。"

神舟五号载人飞船圆了中国人飞天的梦想，而作为参与神五飞天工程的火箭控制系统专家梁思礼院士则是圆了父亲梁启超的科技梦。梁启

超生前在给子女的一封信中提到，自己的孩子没有一个从事科技方面的研究，这是他的一个遗憾。

其实，梁启超的孩子中出了三位院士，可谓人才辈出。梁启超的长子梁思成，是我国著名建筑学家、中国古建筑研究的先驱者之一；梁启超的次子梁思永，是中国杰出的考古学家，对新石器时代和商朝的考古有重大的贡献。

两人都在1948年当选为院士。梁思礼则是中国当代著名的火箭控制系统专家，1993年当选为中科院院士。

"爱国救国"的逸闻趣事

在对自己众多的称呼中，梁思礼最喜欢"老白鼻"，这是父亲梁启超对他的昵称。风趣的父亲将英语Baby（宝贝）一词汉化，"老白鼻"三个字成为梁思礼特有的甜蜜。

天津市河北区民族路46号，有一幢白色的意式建筑，这就是梁启超的"饮冰室"。在这里，梁启超醉心学术，文思泉涌，新论迭出；在这里，他度过了人生最后的14年；这里，被他第九个孩子梁思礼视作乐园。

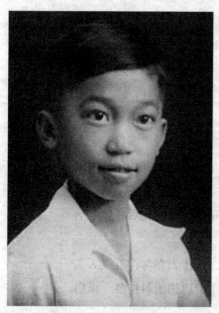

1924年出生的梁思礼，很受父亲的宠爱。"饮冰室"里的大书柜上摆满了线装书，汇集了父亲收集的各类珍本、善本。但对于三四岁的"老白鼻"，更感兴趣的是父亲从各国买回的放在书柜下面的一盒盒明信片。这些明信片有画有字儿，成了"老白鼻"的小儿书。父亲对"小儿书"的讲解，让不满5岁的梁思礼知道了文艺复兴、达·芬奇和米开朗琪罗。

不幸的是，1929年，梁启超永远地离开了，56岁的他没有实现花甲之年后将精力侧重于子女教育的诺言，那一年，"老白鼻"不

满5岁。北平各界举行公祭,全场呜咽,只有这个孩子以为常常把自己放在膝头的父亲睡着了。

九子女中,思顺、思成、思忠、思永、思庄都接受了父亲的国学教育;思达、思懿、思宁尽管没有聆听过父亲的课,但父亲的弟子谢国桢的教导让他们获益匪浅;梁思礼遗憾自己国学功底在兄妹中最弱。但"爱国"这一课,梁思礼从未缺席。

南宋名臣陆秀夫怀抱少帝投海、岳母刺字"精忠报国"……在梁思礼小时候听过的故事、背过的古诗中,留给他印象最为深刻的就是那首"少小离家老大回,乡音无改鬓毛衰"。现在想来,好像父亲从他很小的时候就在以这种方式熏陶他的爱国思想。

除了言传,父亲的身教是"爱国"最真实的样本。"爱国救国"几乎是梁家九子女的胎记。"人必真有爱国心,然后方可以用大事",梁启超生前的话语,指引了梁家九子女未来的路。

早在全面抗战爆发前,四哥梁思忠从美国西点军校毕业,回国参加抗击日军进犯上海的"一·二八"战斗,后因病早殇;二哥梁思成患重病

依然潜心研究我国古建筑;三哥梁思永是著名的考古学家,抱病拼命工作;五姐梁思懿积极参加进步学生的爱国运动,是抗日救亡运动的骨干;六姐梁思宁在抗日战争爆发后参加了新四军;梁思礼抱着"工业救国"的理想,在美国攻读博士学位之后,毅然回国参加新中国的建设。梁启超的《少年中国说》最先感染自己的子女,九子女中七个出国求学或工作,但都相继归国,报效祖国。

历史学家傅斯年语:梁任公之后嗣,人品学问,皆中国之一流,国际知名。

普渡留学生学科统计中,工程(38%)最多,科学(19%)第二,文科(7%),农业(5%)。普渡中国学生学者联谊会,是普渡大学会员最多的非官方学生团体。普渡大学台湾同学会 TSA(大学部)普度大学台湾同学会 ILTC Club(研究所),台湾留学生在普渡大学大约有 270 名左右,是校内国际学生第四大族群。台湾与普渡大学间有深厚的关系。台湾的国立成功大学就是在普渡大学的帮助下,迅速壮大发展成为台湾最好的大学之一。台湾政治大学商学院经常与普渡大学 Krannert 商学院进行学术交流,交换学生互访等。2011 年普度商学院副院长 Tang 至政治大学商学院担任院长。

后 记

　　本丛书是根据世界著名大学文化教育长期思考研究编辑而成，它代表着我的一份独立思考，更代表着我的一份紧张和不安。

　　我知道书是写给别人看的，且不说怎样去影响别人、打动别人，起码得让人饶有兴致地读下去吧。我试图从新的视角，新的写作方式，尽可能全面准确地把握写作主题，让读者从世界著名的20所高等学府中获取知识，从而提高自身的文化素质，学习思考问题和学术研究的新方法。在文化交流中，读者能够从本丛书中了解到世界著名大学的文化教育思想，同时可以学习借鉴这些大学教育经验的有效做法和成功经验。我知道，想到了未必能做到，更未必能做得好。这是个大问题，就算不能够起到抛砖引玉的效果、但是在编写过程中我还是做了大胆的尝试，希望读者们可以在阅读的过程中有所收获，有所启发。

　　本着这样的想法和初衷，经过长期的准备和编写，书稿业已完成。大学是人才荟萃、知识丰富和精神自由的地方，在大学里，每个大学生的人生都会因为环境而发生重大的转折和改变，这也是人生获取能量、积累资源最重要的时期。因此，大学生在校期间应该兼收并蓄，广泛寻求与老师、同学、校友之间的互动交流机会，从而既可获得一面立体的"镜子"，清晰地认清自己，又能获得各类精神营养的滋润，让自己拥有领袖的气质。

　　大学是未来领袖的摇篮，是天才的渊薮，也是一个人在走向社会之前的自我磨练的地方。在这样一个思想极度开放自由的地方，作为大学生必然会遇到各种各样的问题。在这套丛书中，我们不仅介绍各所世界名校的

发展历程、研究成果，同时我们还介绍了这些高等学府的知名校友，青少年在阅读时会从那些名人的生平事迹中有所感悟，从而影响青少年读者的人生价值观。我始终认为大学教育是一个人在成才过程中必不可少的教育阶段，在这一时期，大学生们必须要有自我发展的意识，而"未来领袖摇篮"丛书正好符合了青少年在这方面的需求。

大学有着深厚的文化积淀，其功能是培养符合社会需要的人才。尽管大学中的教学活动都是围绕专业知识的传授和学习展开的，实际上，一批又一批的青年学子始终是在学校中各种"潜在课程"、"无形学院"的培养、熏陶和影响下成长的。学知识与学做人，始终是摆在大学生面前的两件同等重要的任务。大学教育的本质在于人的教育。

高等教育的最重要目标并不是为了培养出多少具有先进知识的人才，而是在于培养具有高等素质的复合型人才。换句话说，在学生的专业知识与人格得到全面发展的同时，大学作为培养"未来领袖的摇篮"肩负着责无旁贷的重任。